U0360475

短视频运营
实战教程

黑马程序员　编著

清华大学出版社
北京

内 容 简 介

本书较为全面地介绍了短视频运营的理论与实践知识,全书共分为8章。第1章介绍了短视频行业概况及主要平台;第2章介绍了短视频账号建立期的策划工作;第3章介绍了策划短视频选题的方法;第4、5章介绍了短视频拍摄、制作和发布的知识;第6、7章介绍了短视频用户运营和商业变现的知识;第8章通过完整的快手短视频运营案例为读者呈现真实的运营场景。

本书附有教学PPT、教学设计、测试题等资源。同时,为了帮助初学者更好地学习本书中的内容,还提供了在线答疑,欢迎读者关注。

本书适合短视频行业或新媒体领域的从业者使用,也可以作为本科院校和专科院校市场营销、企业管理、商业贸易、电子商务等专业的教学用书。

图书在版编目(CIP)数据

短视频运营实战教程/黑马程序员编著. —北京:清华大学出版社,2021.5(2024.2 重印)
(新媒体时代网络营销实战系列丛书)
ISBN 978-7-302-58065-2

Ⅰ.①短… Ⅱ.①黑… Ⅲ.①网络营销—教材 Ⅳ.①F713.365.2

中国版本图书馆 CIP 数据核字(2021)第 079273 号

责任编辑:袁勤勇 杨 枫
封面设计:杨玉兰
责任校对:郝美丽
责任印制:曹婉颖

出版发行:清华大学出版社
 网 址:https://www.tup.com.cn,https://www.wqxuetang.com
 地 址:北京清华大学学研大厦 A 座 邮 编:100084
 社 总 机:010-83470000 邮 购:010-62786544
 投稿与读者服务:010-62776969,c-service@tup.tsinghua.edu.cn
 质量反馈:010-62772015,zhiliang@tup.tsinghua.edu.cn
 课件下载:https://www.tup.com.cn,010-83470236

印 装 者:三河市龙大印装有限公司
经 销:全国新华书店
开 本:185mm×260mm 印 张:13.5 字 数:329 千字
版 次:2021 年 7 月第 1 版 印 次:2024 年 2 月第 5 次印刷
定 价:49.00 元

产品编号:091397-03

序 言

本书的创作公司——江苏传智播客教育科技股份有限公司(简称"传智教育")作为我国第一个实现 A 股 IPO 上市的教育企业,是一家培养高精尖数字化专业人才的公司,主要培养人工智能、大数据、智能制造、软件开发、区块链、数据分析、网络营销、新媒体等领域的人才。传智教育自成立以来贯彻国家科技发展战略,讲授的内容涵盖了各种前沿技术,已向我国高科技企业输送数十万名技术人员,为企业数字化转型、升级提供了强有力的人才支撑。

传智教育的教师团队由一批来自互联网企业或研究机构,且拥有 10 年以上开发经验的 IT 从业人员组成,他们负责研究、开发教学模式和课程内容。传智教育具有完善的课程研发体系,一直走在整个行业的前列,在行业内树立了良好的口碑。传智教育在教育领域有 2 个子品牌:黑马程序员和院校邦。

一、黑马程序员——高端 IT 教育品牌

黑马程序员的学员多为大学毕业后想从事 IT 行业,但各方面的条件还达不到岗位要求的年轻人。黑马程序员的学员筛选制度非常严格,包括严格的技术测试、自学能力测试、性格测试、压力测试、品德测试等。严格的筛选制度确保了学员质量,可在一定程度上降低企业的用人风险。

自黑马程序员成立以来,教学研发团队一直致力于打造精品课程资源,不断在产、学、研 3 个层面创新自己的执教理念与教学方针,并集中黑马程序员的优势力量,有针对性地出版了计算机系列教材百余种,制作教学视频数百套,发表各类技术文章数千篇。

二、院校邦——院校服务品牌

院校邦以"协万千院校育人、助天下英才圆梦"为核心理念,立足于中国职业教育改革,为高校提供健全的校企合作解决方案,通过原创教材、高校教辅平台、师资培训、院校公开课、实习实训、协同育人、专业共建、"传智杯"大赛等,形成了系统的高校合作模式。院校邦旨在帮助高校深化教学改革,实现高校人才培养与企业发展的合作共赢。

(一)为学生提供的配套服务

1. 请同学们登录"传智高校学习平台",免费获取海量学习资源。该平台可以帮助同学们解决各类学习问题。

2. 针对学习过程中存在的压力过大等问题,院校邦为同学们量身打造了 IT 学习小助手——邦小苑,可为同学们提供教材配套学习资源。同学们快来关注"邦小苑"微信公众号。

（二）为教师提供的配套服务

1.院校邦为其所有教材精心设计了"教案＋授课资源＋考试系统＋题库＋教学辅助案例"的系列教学资源。教师可登录"传智高校教辅平台"免费使用。

2.针对教学过程中存在的授课压力过大等问题，教师可添加"码大牛"QQ（2770814393），或者添加"码大牛"微信（18910502673），获取最新的教学辅助资源。

传智教育

2022 年 7 月

前　言

编写背景

随着短视频行业的快速兴起,观看抖音、快手等平台的短视频已经成为人们日常生活中必不可少的娱乐活动。且短视频行业的影响越来越大,从小孩到老人,从一线城市到农村,其用户群体的年龄和地域的跨度在不断扩展。如此庞大的用户市场自然不会被资本忽视,大量企业、组织和个人涌入短视频行业,想要在行业中谋求发展,同时也带来了大量的就业需求。

但是在如今这个知识碎片化的时代,想完整地学习短视频运营并不容易。而且随着越来越多的人想要进入短视频行业,相关职位竞争压力也在迅速变大,企业对于短视频运营人才的能力也有了更高的要求,拥有较高短视频运营能力的人才变得极为"俏销"。

由于短视频行业的高速发展,行业中并没有出现较为系统全面、知识切合实际的相关图书供读者参考学习,以致很多老师想要教授短视频的相关知识,却不知如何讲解,本书正是在这种背景下诞生的。

本书在编写的过程中,结合党的二十大精神进教材、进课堂、进头脑的要求,在给每个案例设计任务时优先考虑贴近生活实际话题,让学生在学习新兴技术的同时掌握日常问题的解决,提升学生解决问题的能力;在章节中加入素质教育的相关内容,引导学生树立正确的世界观、人生观和价值观,进一步提升学生的职业素养,落实德才兼备的高素质、高技能人才的培养要求。此外,编者依据书中的内容提供了线上学习的视频资源,体现现代信息技术与教育教学的深度融合,进一步推动教育数字化发展。

本书特点

1. 体系完整

过去的短视频教材往往只选取短视频运营中的部分知识作为内容,并未包含整个短视频运营的过程。而本书从行业背景到平台介绍、从账号策划到内容制作、从粉丝引流到账号变现,涵盖了短视频运营流程的全部阶段,体系十分完整。

2. 案例详细

很多关于短视频的书注重理论讲解,对于案例只有简单的类比和说明,缺乏实操过程。本书案例定位于"拿来可以直接用",包括详细的操作介绍和步骤截图,能让读者快速学会操作方法。

3. 作业应用性强

本书为每个章节设计了实训作业，模拟了短视频运营的实际工作场景，能让读者在作业中了解实际工作的要求，掌握实用的短视频运营技能，制作出可以当作工作经验的作品。

4. 配套资源丰富

本书还配有教学大纲、教学设计、教学 PPT、作业题库等资源，很大程度上提高了本书的价值。

教学建议

本书适合本科院校及职业院校作为新媒体类课程的教材使用。如果选用本书作为教学用书，建议安排 32～48 学时。建议在课堂教学中依据本书进行一定量的项目实训，提高学生的实战能力。

编写情况

本书的编写和整理工作由传智播客教育科技股份有限公司完成，主要参与人员为万李晨和刘洋涛，其中万李晨独立完成第 1 章、第 3～5 章，刘洋涛独立完成第 2 章、第 6～8 章。

在本书的编写过程中，得到了诸多朋友的帮助，全体人员在这近一年的编写过程中付出了很多辛勤的汗水，在此一并表示衷心的感谢。

意见反馈

尽管我们尽了最大的努力，但书中难免会有不妥之处，欢迎各界专家和读者朋友们来信来函给予宝贵意见，我们将不胜感激。您在阅读本书时，如发现任何问题或有不认同之处，可以通过电子邮件与我们取得联系。

请发送电子邮件至 itcast_book@vip.sina.com。

申明

本书引用或借鉴了大量商业案例，书中提供的截图、短视频的截取及下载时间均为 2020 年 7—12 月。它们主要用于教学过程中的案例分析，帮助读者学习，并非赞同其行为或产品的宣传内容及功效，敬请读者注意。

黑马程序员

2021 年 2 月于北京

目　录

第 1 章
入门指南：快速了解短视频风口

思政案例

【学习目标】

- 了解短视频行业的发展历史，能够理解短视频行业的现状由何而来。
- 了解短视频行业的产业链结构，能说出短视频产业链的每个环节。
- 了解短视频行业的岗位，理解短视频行业中各个岗位的作用。
- 熟悉抖音平台的特点与机制，对抖音有明确的认知。
- 熟悉快手平台的特点与机制，对快手有明确的认知。
- 熟悉微信视频号平台的特点与机制，对微信视频号有明确的认知。
- 了解抖音火山版、西瓜视频、微视、秒拍、淘宝卖家秀平台的基本信息。

在从前，人们只能与身边的人分享自己的生活场景和生活故事，想要在成千上万人面前展现自己的生活状态，几乎是不可能的事情。但是在互联网时代，网络使得这一切变成了可能。

近几年兴起的短视频将展现自我、了解世界的方式变得更加简便，人们只需要打开手机，随便拍摄一点内容，并上传至短视频平台，就有机会让成千上万的人看到；同时，也可以在各种短视频平台中看到世界各地人们的生活状态。

短视频一般是指时长在 5min 以内、内容题材灵动多样的视频内容。随着短视频的快速崛起，越来越多的公司和个人投入到运营短视频的行列中。为了帮助大家更深入了解短视频的相关概念，本章讲解短视频行业概况和短视频平台概况。

1.1 短视频的行业概述

想要运营短视频，首先要对短视频行业有所了解。如果在不了解短视频行业的情况下运营短视频，容易"闭门造车"，很难获得成功。本节从短视频行业发展历程、短视频产业链和短视频行业岗位 3 个角度对短视频行业进行介绍。

1.1.1 短视频行业发展历程

短视频行业在中国的发展历程大致可以总结为萌芽期、爆发期、淘汰期、成熟期 4 个阶段，具体介绍如下。

1. 萌芽期

短视频的历史最早要追溯到长视频和微电影的时代。2005 年底，时长 20min 的网络短片《一个馒头引发的血案》爆红,下载量击败电影《无极》,被认为是微电影的雏形。此后,各个视频平台开始力推一些明星创作的长视频与微电影,不少知名导演、演员以及大量普通创作者也加入了微电影创作。微电影推动了视频行业的草根化,无意中培养了互联网用户利用碎片化时间拍摄、制作、上传和观看视频的意识。

2011 年以后,伴随着移动互联网终端的普及、网络的提速以及流量资费的降低,短视频凭借着"短、快"的传播优势迅速获得了很多人的喜爱。

2013 年,小影 Android 端上线,为用户提供滤镜、配乐、海报等多种视频剪辑素材,在 10 个月内收获的注册用户数量超 100 万,每天上传分享的视频超 1000 条。同年 9 月,腾讯微视正式上线,主打短视频分享。而后在 2014 年春节,微视开始大规模推广,其下载量一度稳居 App Store 免费榜前五名,日活跃用户量暴增至 4500 万,短视频行业正式兴起。

与此同时,新浪微博推出了秒拍,快手也向短视频转型,微拍、啪啪奇、微录客等一大批短视频应用相继诞生。

2014 年,慈善活动之冰桶挑战传入国内,众多明星在微博上发布冰桶挑战的短视频。72 小时内就有 122 名艺人使用秒拍发布冰水浇身的视频,最后共计 2000 多名艺人参与,使得短视频的用户量大大增加。冰桶挑战的相关视频截图如图 1-1 所示。

图 1-1　冰桶挑战的相关视频截图

2015 年,一下科技旗下的短视频应用软件"小咖秀"上线。小咖秀通过提供现成的场景、剧本,吸引用户参与对口型表演。上线两个多月后,小咖秀的日活跃用户数量达到 500 万,日均原创短视频达到 120 万条。此后,短视频行业呈现出了各类 App 百花齐放的景象,某位知名投资人评论"我本来认为短视频需要两年才能爆发,小咖秀让这个时间提前了"。

2. 爆发期

2015 年之后,手机用户在移动端的流量消耗飞速增长,而网络视频平台成为"流量"红利下的最大受益者,用户规模在当年超过了 3 亿,短视频行业也在其中享受到了红利。

据 Talkingdata 数据显示,2015 年第一季度,整个移动视频应用用户规模为 8.79 亿,短视频用户数同比增长 401.3%。然而截至 2015 年 5 月,用户规模位列第一的美拍用户覆盖率只有 5.49%,第二位的小影仅为 0.69%,市场空余份额极大。Talkingdata 的数据如表 1-1

所示。

表 1-1　Talkingdata 的数据

平　　台	2015 年 5 月用户覆盖率
美拍	5.49％
小影	0.69％
腾讯微视	0.38％
秒拍	0.16％
小看	0.16％
微拍	0.08％

　　这样的行业格局为短视频带来了巨大的发展空间,巨头开始纷纷布局短视频,上百个创新型短视频 App 也带着各自对短视频的理解争相涌入短视频行业。

　　同年,市场上出现了大批着眼于垂直领域或创新内容的短视频产品,如专注于资讯内容的梨视频、专注于 VLog 的 VUE、专注于女性消费的小红唇,以及专注于年轻用户体验的 FaceU。这些新兴的短视频平台上线之初大多都获得了市场及资本的青睐。但是实际上这些平台发展得并不好,用户规模增长速度缓慢,MAU(月活跃用户量)突破 500 万都很困难。

　　不过这并不影响资本巨头们加入短视频行业。巨头们有的自己搭建平台,有的培养"网红",大量资金的涌入使得短视频从业者急剧增加,大量的短视频账号、直播红人、直播团队、直播机构脱颖而出。

3. 淘汰期

　　2016 年 6 月,一篇名为《残酷底层物语》的文章将快手带入大众视野,一时间快手的知名度大增,在 12 月用户量突破了 4 亿。

　　2017 年 3 月,腾讯出资 3.5 亿美元领投快手 D 轮融资。同期,一些重量级人物加盟快手,负责市场推广,将重金砸向市场。6 月,快手用户规模突破 6 亿,12 月 DAU(日活跃用户量)达到 9500 万。

　　更值得一提的是,快手上的网络红人自成体系,并早早形成了从短视频涨粉到直播变现的闭环路径,使得快手能够良性发展,一个短视频巨头初露端倪。

　　2012 年成立的字节跳动同样也极为重视短视频,在 2016 年年内连续推出 3 款基于算法分发的短视频产品:

- 头条视频——聚合类视频 App,后改名为西瓜视频;
- 火山小视频——对标快手的视频产品;
- 抖音——音乐短视频产品。

　　随后,字节跳动高调收购 FaceU 和 Music.ly,FaceU 独到的脸部识别技术和 Music.ly 的音乐版权都为抖音在未来的爆发埋下了伏笔。

　　截至 2017 年 12 月,快手以绝对的优势稳坐短视频行业头把交椅,字节跳动旗下的西瓜视频、火山小视频、抖音 3 款产品,位居第 2～4 位,DAU 远超第 5 位的美拍。与此同时,大量排名靠后的短视频平台纷纷关停,短视频行业的结构从百花齐放逐渐变成了少数平台占领市场,整个行业逐步走向成熟。

4. 成熟期

2018年春节伊始,抖音采用的一系列精彩至极的营销手段(如尬舞机、百万英雄、抖音红包)为自己带来了近3000万的日活跃用户量增长,一举超过西瓜视频、火山小视频,成为字节跳动旗下领先的短视频平台。2018年6月,抖音对外公布DAU达到1.5亿,此时产品上线仅1年半的时间。

时至2021年,短视频行业形成了抖音、快手两大巨头,西瓜视频、抖音火山版等平台瓜分剩余市场的稳定局面。

1.1.2 短视频产业链

短视频行业发展至今,已经有了一条完整的产业链来支撑其运转,短视频的产业链结构如图1-2所示。

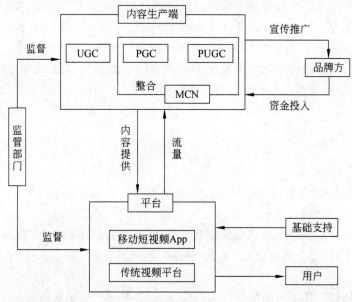

图1-2 短视频的产业链结构

从图1-2中可以看到,短视频的产业链主要包括监管部门、内容生产端、平台、品牌方、基础支持和用户,下面分别进行介绍。

1. 监管部门

监管部门指的是管理短视频产业的相关政府机构,例如中华人民共和国国家互联网信息办公室(简称为网信办)、中华人民共和国国家广播电视总局(简称为广电总局)等,这些部门会对短视频制作、传播提出严格要求,把控短视频行业的整体发展趋势,阻止违法违规的现象出现。

监管部门会重点检查短视频内容生产端产出的内容是否合法合规,也会监管短视频平台上的机制与内容有无问题。

2. 内容生产端

内容生产端是指生产短视频的人员和机构，例如各类网红（网络红人）、传媒公司等。按照内容生产方式的不同，我们可以将内容生产端分为 UGC、PGC、PUGC 和 MCN 四个部分。

1) UGC

UGC 是指用户原创的内容，在短视频行业中，绝大多数视频都是由普通的短视频 App 使用者创造的。

2) PGC

PGC 是指专家原创的内容，也就是那些专业制作短视频的个人或团队所制作的内容。一般这类制作者不直接使用短视频 App，但是很熟悉短视频 App 的运行机制。

3) PUGC

PUGC 是指专家型用户原创的内容，例如网红生产的内容。这些网红本身也是短视频 App 的用户，但又有专业制作短视频的能力，因此创作出的内容就归为 PUGC。

4) MCN

MCN 是近年来兴起的一个名词，具体是指整合 PGC 或 PUGC 的机构，这些机构往往有着众多的渠道，可以在整合众多 PGC 或 PUGC 后，对内容进行整合、修改和提升。简单来说，MCN 就是一种网红经济运作模式，MCN 公司将一个个独立的网红联合在一起形成网红矩阵，互相扶持，互相帮助，以获得更大的话语权与知名度。MCN 的优势在于一方面帮助内容生产者专注于内容创作，另一方面对接平台、粉丝，对产出的内容进行包装、强化推广以及推动变现。

内容生产端会不断将短视频作品提供给平台，并在平台上进行发布，从而从平台获取流量，增加自己的粉丝数和知名度。

3. 平台

此处的平台主要是指移动短视频 App 和传统视频平台。

1) 移动短视频 App

移动短视频 App 是指在移动端（手机、平板电脑等）上短视频类的 App 应用，例如抖音、快手等。这类平台本身就是以短视频为核心，不断向用户传播各类短视频。

2) 传统视频平台

传统视频平台，例如腾讯视频、哔哩哔哩等本身也有短视频类的内容存在，也在某种程度上向用户传播了短视频。

平台会向内容生产端提供展示作品的机会，并把自己平台中的用户导流给优秀的内容生产端。

4. 品牌方

在短视频产业链中，品牌方往往扮演了广告主的角色，向优秀的内容生产端投放广告，付费给他们，让他们帮助自己宣传品牌或产品，从而提高自身的知名度或产品销售量。

5.基础支持

基础支持一般指的是对平台提供的一些技术性支持,例如服务器、系统维护等,可以帮助平台更好地运行。

6.用户

用户即观看短视频的人群,往往聚集在短视频平台,观看各类短视频作品。

📖 多学一招:什么是产业链?

产业链是产业经济学中的一个概念,是各个产业部门之间基于一定的技术经济关联,并依据特定的逻辑关系和时空布局关系客观形成的链条式关联关系形态。

1.1.3 短视频行业岗位

随着短视频行业越来越规范,短视频产业体系越来越完整,短视频的质量不断提高,用户的审美标准也越来越高。这时候,运营者再想通过简单的短视频制作方法就吸引到用户的目光,已经是不可能的事情了。因此,想要运营好短视频账号,就需要通过专业的流程来进行运作。通常来说,短视频工作流程如图 1-3 所示。

从图 1-3 中可以看到,短视频的工作流程主要分为内容策划、拍摄、剪辑、发布、用户运营和变现与转化 6 个环节,这 6 个环节可以由一个运营者独立完成,也可以由一个团队共同完成。现在主流的模式是一个运营团队协同完成短视频工作,其中可以划分出策划、摄影、剪辑、运营 4 个主要岗位,下面分别进行介绍。

图 1-3　短视频工作流程

1.策划

策划人员需要重点关注内容策划这项工作,即先根据账号定位确定短视频的风格和创作内容的方向,然后根据内容方向制作出具体的选题和剧本。

在设计选题的时候,策划人员要能够根据用户喜好和账号需求,找到合适的选题。如果是一个系列中的短视频选题,策划人员还要能够结合整个系列的风格和调性,避免前后脱节的问题。

在设计剧本的时候,策划人员要能够将选题拓展为一个完整的剧情故事,并能构思每一个情节的展示方式,确定出拍摄方案。还要能将构思的拍摄方案整理为分镜剧本,指导后续的拍摄工作。

2.摄影

简单来说,摄影人员的工作就是拍摄视频。一个好的摄影人员能通过调整拍摄方式,充分体现出短视频剧本的亮点和特色,从而为剪辑人员留下优秀的剪辑素材。

对于摄影人员来说，拍摄技术是最重要的能力，摄影人员需要掌握好镜头画面的构图，要能应对各种天气、人物的变化，并要掌握各种各样的拍摄技能和方法。

此外，摄影人员还需要具备高效的沟通能力，与场景布置人员、演出者等密切协作，合力拍摄出优质的视频。

3．剪辑

剪辑人员需要将摄影人员拍摄的视频加以处理，使之成为一个完整的短视频。在这个过程中，剪辑人员首先要鉴别各个视频素材的优劣，需要取其精华、去其糟粕。然后根据剧本和自己的艺术修养，处理、整合视频片段，并加上特效与音乐。最后需要将制作完成的短视频导出，交由运营人员上传。

4．运营

这里的运营指的是账号运营工作，需要做发布、用户运营、变现与转化等工作。总体来说，运营的工作包含了内容管理、渠道管理、用户管理和商业化运营 4 个板块。

1）内容管理

运营人员虽然不会直接参与到内容制作的工作中，但是需要进行内容发布、内容异常情况处理、内容维护等工作。除此之外，运营人员还需要结合以往内容的数据情况，向策划人员提供内容创作的一些导向性建议。

2）渠道管理

除了短视频平台本身，运营人员有时还需要将短视频投放到诸如微博、今日头条、微信等平台上，并统计短视频在这些平台上的数据情况和用户反馈。此外，一些平台会不定期举行一些主题活动，需要运营人员主动报名参加，增加短视频的曝光率和知名度。

3）用户管理

用户管理是运营人员的一项核心工作，包括收集用户反馈、与用户互动、策划用户活动、搭建用户社群等事项。做好用户管理工作，能使用户对账号更加有好感，便于运营人员进行变现工作。

4）商业化运营

很多短视频账号都有变现的行为，例如卖货、直播，这就需要运营人员针对这些变现行为进行运营，如电商运营、直播运营等。

除了这 4 个板块对应的岗位外，还有设备管理人员、场景布置人员、演出人员、编导人员等岗位，也都在短视频工作中起到了不小的作用。

1.2　短视频的平台介绍

如今短视频行业的竞争已经趋于白热化，正如 1.1 节所述，快手与抖音占据了绝对领先的地位，在数据上不分伯仲。其他短视频平台，如微视、秒拍、西瓜视频等瓜分着抖音、快手的剩余市场，市场占有率相对较低。此外，2020 年初突然发力的微信视频号，凭借微信的巨大流量池，似乎也有占据短视频领域一席之地的野心。运营者想要加入运营短视频的行列，就必须要对短视频平台有所了解，本节介绍抖音、快手、微信视频号和其他短视频平台的一些知识。

1.2.1 抖音

抖音是一款音乐创意短视频社交软件,归属于北京字节跳动科技有限公司,该软件于2016年9月上线,是一个面向全民的音乐短视频社区平台。抖音的logo如图1-4所示。

在抖音中,用户可以选择自己喜爱的音乐和特效,拍摄出自己的短视频作品。而平台会根据用户的观看喜好,结合抖音自身的算法,向用户推送其喜爱的短视频。下面从抖音平台的特点和机制两个角度来进行介绍。

1. 抖音平台的特点

抖音平台具有用户众多、模仿类内容盛行、电商模式完善、注重打造"沉浸式"用户体验和爆款为王5个主要特点。

1) 用户众多

截至2020年初,抖音的月活跃用户数已经超过5亿,是国内月活跃用户数最高的短视频App。抖音的用户主要以一二线城市的年轻人为主,大量城市中的年轻人使用抖音作为自己的消遣工具,抖音则通过这些用户获得了高额的收益。不过近年来抖音也一直在向下沉市场发展,内容类型越来越大众化,时至今日,用户特征已经不是十分明显。

2) 模仿类内容盛行

在抖音中可以看到大量的模仿类内容,常见的包括同一个音乐、同一个动作、同一个特效、同一个角色或同一个台词,例如"茶艺鸭"这个话题就有大量角色相同的短视频。"茶艺鸭"话题如图1-5所示。

图1-4 抖音的logo

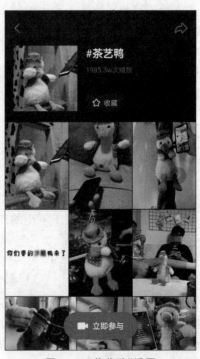

图1-5 "茶艺鸭"话题

这是抖音内容领域的一大特色,正是这种模仿,使得一些话题和事件蹿红全网,成就了很多内容创作者,也为抖音带来了很多新的用户。

3）电商模式完善

抖音电商有着很完善的体系,从边看边买的展示方式,到商品橱窗中展示的商品,再到与第三方店铺关联,打通了整个购物生态,让用户能在抖音中畅通无阻地购买商品。此外,直播带货模式的兴起也给抖音电商增加了新的玩法,丰富了用户的购物选择,为运营者增加了电商活动的可选项。

4）注重打造"沉浸式"用户体验

抖音采用了"霸屏"的内容模式,让用户的注意力完全被视频内容所吸引,不会分散。抖音的界面如图 1-6 所示。

从图 1-6 中可以看到,几乎整个屏幕都是短视频本身的内容,其他内容在屏幕中占比极小。

同时,抖音中没有提示时间的内容,用户往往会沉浸在短视频中,形成"只刷五分钟,结果一小时"的效果。为了加深"沉浸式"的用户体验,抖音还将 App 界面设计得极为简单,用户打开 App 就可以浏览视频,只需滑动手指即可持续浏览,使得用户获得了很好的体验。

图 1-6　抖音的界面

5）爆款为王

比起普通的视频,抖音更加愿意向大众呈现反响更好的爆款视频,因为这一类视频更受用户欢迎,更能为抖音获取用户好感度和用户黏性。也就是说,一个运营者如果能做出一个爆款视频,那么他的账号就能获得很大的收益。

2.抖音平台的机制

抖音的机制包含了叠加推荐、千人千面、新手扶持等,下面重点介绍最具特色的叠加推荐这一流量分发模式。抖音的叠加推荐模式如图 1-7 所示。

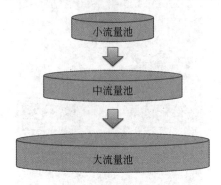

图 1-7　抖音的叠加推荐模式

在介绍抖音的叠加推荐模式之前,大家需要先了解流量池的概念。流量池是互联网行业中的一个新概念,通常是指流量的蓄积容器,主要是为了防止有效流量流走而设置的数据库。通俗来说,流量池就是含有数量不等的用户的虚拟范围。

在图 1-7 中可以看到小、中、大三个流量池,顺序由小到大,其背后就是叠加推荐这一流量分发模式的本质:将优质的短视频,不断放到更大的流量池中,增加它的曝光量,实现优胜劣汰。

如一个短视频在过审后,抖音的算法机制会将其先投放到几十人、上百人的小流量池中,在一定时间后评估其完播率、点赞量、转发量、评论量等数据。若数据达到晋级标准,会将该视频投放到几千人的中流量池中,同样评估这几千个用户对该视频的数据反馈,如果达到晋级标准则投放到上万人的大流量池,如此层层递进就是叠加推荐模式的关键要素。

也就是说,一个粉丝量接近百万的号,有可能会出现点赞量不过千的短视频,而一个几乎没有粉丝的号,也有可能出现几十万点赞的短视频,这都取决于叠加推荐模式对内容的分析判断。

1.2.2　快手

图 1-8　快手的 logo

快手是北京快手科技有限公司旗下的产品。快手的前身是一款叫作"GIF 快手"的软件,诞生于 2011 年 3 月,该软件最初是用来制作、分享 GIF 图片的手机应用。快手的 logo 如图 1-8 所示。

2012 年 11 月,快手从纯粹的工具应用转型为短视频社区,用于用户记录和分享工作、生活的平台。随着智能手机的普及和移动流量成本的下降,快手在 2015 年以后开始快速发展。下面将从快手平台的特点和机制两个角度进行介绍。

1. 快手平台的特点

快手平台具有占据新兴市场、直播经济盛行、注重社区文化和鼓励分享生活 4 个主要特点。

1) 占据新兴市场

经过长达 8 年的用户积累,快手在用户量方面已具备明显的优势。官方数据显示,快手的日活跃用户量已达到 1.3 亿,用户日均使用时长超过 60min,每天上传的短视频数量超过 1500 万条,产生 150 亿播放次数、3 亿多点赞数。

此外,随着拼多多、趣头条的上市,以三四五线城市为代表的新兴市场的潜力引起了诸多关注,在新兴市场寻求突破已成为当前移动互联网领域的新趋势,而快手的起家主要依靠下沉市场(小城市及乡村)。大量的下沉市场用户把快手作为自己娱乐消遣、展现自我的平台。快手在这些新兴市场拥有较高的渗透率,商业化潜力很大。

2) 直播经济盛行

根据快手大数据研究院发布的《2019 快手直播生态报告》,快手直播日活跃用户量已经突破 1 亿,其中 56% 的主播是 90 后。用户在快手通过直播能更清楚地看见不同人的生活,从可可西里藏羚羊守护巡山队员、青藏线护卡人,到东部沿海赶海人、潜水救援员等。快手中赶海直播画面如图 1-9 所示。

与此同时,快手的直播带货模式也在快速发展。

图 1-9　快手中赶海直播画面

各类主播在快手直播中销售商品，帮助很多公司大幅提高了销售额。例如某个拥有 4200 万粉丝的快手红人直播 3 小时产生了 5000 万元的销售额，当天销售额高达 1.6 亿元。

3）注重社区文化

超强的带货能力背后是红人和粉丝之间的强信任关系，信任关系是推动流量转化为销量的关键因素。经过 8 年的用户沉淀，快手已留存下来大量忠实用户，这种强信任度、忠诚度的社区文化也成为了快手的价值观。

与抖音不同，快手一直在宣扬用户之间人人平等的理念，不会刻意将大量流量导流给爆款短视频，甚至还会限制爆款短视频的传播。在快手中，所有人都是社区中的一分子，所有人都是平等的关系，每个人都有表现自己的机会，也有了解自己之外每个人的机会。

快手平台就像是一座城市，里面展现了各种人的生活，那些经济、文化、喜好大致相同的人互相建立起身份认同，共同构成了短视频界的最大私域流量社区。

4）鼓励分享生活

经常使用快手的用户会发现，快手红人不同于其他短视频平台的光鲜亮丽的美女帅哥，他们是生活中的普通人，视频内容更多的是发生在生活中的事，例如乌苏里江的捕鱼人、广州别墅区的卖货人、开卡车的老司机、工地里的健身大神等。快手十分鼓励用户去分享自己的生活和自己的故事，让每个人的生活被更多的人所知晓。

2. 快手平台的机制

快手平台的机制相较于抖音不那么特色鲜明，但是也具备自己的独特之处。快手的基础流量分发逻辑和抖音是相似的，同样是通过算法来对用户的各类属性与喜好进行识别，然后对应进行分发。

但是在呈现内容的方式上，快手与抖音的差别极大。快手 App 的首页如图 1-10 所示。

从图 1-10 中可以看到，快手的首页有关注、发现、同城 3 个列表，其中还有推荐、音乐、游戏等分类，使用户有了更多的选择。此外，快手的信息展示方式也不同于抖音的全屏展示，会向用户展示 4 个作品的视频封面、用户头像和点赞量，而不是直接展示短视频。

从以上两点综合来看，快手为运营者创造了更多的内容曝光机会，也使得用户拥有更多的选择。

1.2.3　微信视频号

微信视频号并非一个突然诞生的产品，早在 2018 年，微信就开发了"看一看短视频"小程序、时刻视频等短视频类功能。2019 年 8 月，微信先是联合快手，推出了可以上下无限刷的"看一看视频"，紧接着上线了公众号视频原创声明标签，一度被看作微信发力短视频的信号。

而 2020 年初，微信正式开启了微信视频号的大规

图 1-10　快手 App 的首页

模内测,越来越多的人收到邀请,入驻微信视频号。微信视频号的入口和界面如图 1-11 所示。

下面从微信视频号平台的特点和机制两个角度来进行介绍。

1. 微信视频号平台的特点

微信视频号具有潜在用户基数大和注重好友关系链两个特点。

1) 潜在用户基数大

微信这一 App 在国内社交软件中的统治性地位无可争议,坐拥 10 亿的日活跃用户量。而微信视频号入口位置极其优越,位置顺序仅次于朋友圈,微信用户很容易就可以进入视频号中。现在朋友圈每天的曝光量超过百亿,视频号即使只拥有朋友圈 1‰的流量,其数量也是很庞大的。因此,微信视频号的潜在用户基数大,发展潜力也大。

2) 注重好友关系链

微信视频号相较于抖音和快手,更注重短视频在用户好友关系链之中的传播,社交属性较强,例如设置了专门的"朋友"栏目,如图 1-12 所示。还有每个视频后展示的好友点赞信息,如图 1-13 所示。

图 1-11   微信视频号的入口和界面

图 1-12   "朋友"栏目

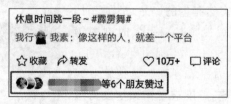

图 1-13   好友点赞信息

此外，微信视频号还特别注重社交推荐，而社交推荐不仅能够提升推荐的精准度，实现有效的用户间传播，还有一定的情感基础，如相比于素不相识的陌生人的点赞，用户往往更在意亲朋好友的点赞。

2. 微信视频号的机制

微信视频号和朋友圈类似，承担了分享短视频和图片的功能，没有针对创作者的门槛，在用户上和朋友圈高度重合。区别在于视频号中的短视频长度可以达到 1min，突破了朋友圈视频 15s 的限制。此外，微信视频号的内容可以转发到朋友圈，但朋友圈的内容不能转发到视频号中。

另外值得一提的是微信视频号的分发机制，由于它是一个注重好友关系链的短视频平台，所以它不像抖音和快手那样是完全基于用户喜好和标签进行推荐分发的，很多时候会向用户推送一些在他好友中受到欢迎的短视频。

1.2.4　其他短视频平台

除了前面提到的热门短视频平台外，还有一些较为小众的短视频平台，如抖音火山版、西瓜视频、微视、秒拍、淘宝卖家秀等，下面进行介绍。

1. 抖音火山版

抖音火山版原名火山小视频，是一款用 15s 记录原创生活的小视频社区软件，属于字节跳动旗下，用户以三四线城市人群为主，内容相较于抖音更接地气，更适合大众化品牌和人群，功能也更容易让运营者上手。火山小视频和抖音火山版的 logo 如图 1-14 所示。

抖音火山版作为字节跳动公司对标快手的平台，对于创作者而言，适合作为备用渠道同步抖音上的短视频，也可以作为一个练手的短视频平台。

2. 西瓜视频

西瓜视频也是字节跳动旗下的短视频平台，通过人工智能算法来发现每个用户喜欢的视频，实现个性化内容推荐，并帮助短视频运营者轻松向全世界分享自己的作品。西瓜视频的 logo 如图 1-15 所示。

图 1-14　火山小视频和抖音火山版的 logo　　　　图 1-15　西瓜视频的 logo

西瓜视频由头条视频升级而来，被称为视频版的今日头条，横屏展示内容是其较大的特色，并以 1min 以上的短视频为主。目前，西瓜视频对 VLog 和三农（农村、农业和农民）领域有着较大的官方支持，对于想涉足 VLog 和三农领域的运营者有较大的选择价值。

3. 微视

微视是腾讯系的短视频平台,于 2013 年推出,却由于成绩不佳在 2017 年宣布关闭,可以说是"起了个大早,赶了个晚集"。随着短视频行业的快速发展,微视又在 2018 年宣布重启,并花费了很多资金用于推广宣传,但始终不温不火。微视的 logo 如图 1-16 所示。

随着腾讯越来越重视与快手的合作,微视慢慢成为可有可无的产品,建议运营者仅将其作为同步短视频作品的平台,而非重点运营的平台。

4. 秒拍

秒拍也是一个起步较早的短视频平台,现在与新浪有战略合作关系,并且与微博打通。秒拍早期的定位偏向媒体属性,不少媒体机构会使用秒拍制作视频然后在微博发布。随着抖音和快手的兴起,秒拍也逐渐转向普通用户,推出了各种有趣的内容。不过对于运营者而言,秒拍还是更适合发布新闻类的内容。秒拍的 logo 如图 1-17 所示。

图 1-16　微视的 logo　　　　　　图 1-17　秒拍的 logo

5. 淘宝卖家秀

卖家秀是淘宝网中卖家展示自己商品的一种方式,其目的是更好地展示商品的亮点,让用户更被商品吸引,从而提高销量。相较于图片形式的商品信息,视频形式可以使商品被更真实、更详细地展示出来,可以让用户了解到更多关于商品的实际情况,避免商品展示的样子和实际的样子差异过大。

相较于其他短视频平台,淘宝卖家秀的功利性更强,运营者发布短视频的目的就是销售商品,因此在制作短视频时需要运营者更加注重对短视频的包装。

1.3　本章小结

本章主要讲解了短视频行业的整体情况,包括发展历史、产业链结构和行业岗位;还讲解了当下主流的短视频平台,包括抖音、快手等。

希望读者通过本章的学习,能够正确了解短视频行业和平台,为之后的学习打下坚实的基础。

1.4　课后作业

1. 项目背景

通过本章的学习,读者已经对一些短视频平台有所了解。在此基础之上,读者就可以有的放矢地选择自己想要入驻的短视频平台。但是，想要运营短视频账号，仅仅对短视频平台有所了解是不够的，还需要了解所选择的短视频平台账号的一些特点，为之后的短视频运营提供一定的参考。

2. 工作任务

从抖音、快手、微信视频号或其他短视频平台中，选择一个你感兴趣的短视频平台。然后在该短视频平台上，选择一个自己喜欢的账号，收集该账号的基本信息（包括账号名称、账号类型和粉丝数量，要求该账号知名度较高），并且分析其账号内容特点（两条及以上），最终写一份研究报告。

第 2 章

项目起步：建立自己的短视频账号

【学习目标】

- 了解账号定位的意义，明确账号定位对于短视频账号的价值。
- 掌握账号定位的方法，能够利用 SWOT 分析法快速进行账号定位。
- 熟悉账号定位的技巧，能够使账号定位更加具有特色。
- 了解用户画像的概念，理解用户画像所包含的内容。
- 掌握用户画像的建立方法，能够准确地建立短视频账号的用户画像。
- 熟悉账号设置的主要内容，能够结合自己的账号特点进行账号设置。
- 掌握短视频账号的培养步骤，能够使短视频账号正常运转。

在短视频项目的起步阶段，运营者需要做的是建立自己的短视频账号，只有建立了自己的短视频账号，运营者才能开展后续的运营工作。为了后续运营工作的正常开展，运营者在短视频账号的项目起步阶段，要对短视频账号进行合理的规划和运营。

在建立自己的短视频账号时，运营者首先要确定自己账号的定位，找到账号所面向的用户，然后设置短视频账号的相关信息，并且利用平台的相关机制来培养短视频账号。通过这一系列的运营操作，运营者就可以清晰地找到短视频账号的运营方向，并且为后续的短视频运营工作奠定基础。本章从短视频的账号定位、短视频的用户画像、短视频的账号设置以及短视频的账号培养 4 方面对短视频项目起步阶段的相关知识进行讲解。

2.1 短视频的账号定位

在运营短视频之前，运营者需要进行短视频的账号定位工作，首先要明确账号定位的意义，然后通过一定的方法来确定账号定位方向，最后确定短视频账号的定位特色。本节从账号定位的意义、账号定位的方法和账号定位的技巧 3 方面对短视频的账号定位知识进行详细讲解。

2.1.1 账号定位的意义

了解账号定位的意义，有助于运营者理解开展短视频账号定位工作的必要性。账号定位的意义主要包括找到精准用户和提高用户黏性两个方面，具体介绍如下。

1. 找到精准用户

运营者发布短视频之后，短视频平台会利用大数据算法将短视频精准投放给喜欢该类型短视频的用户。所以，如果短视频账号的定位十分明确，那么运营者所发布的短视频就会被平台投放到精准用户手中，使短视频能够被更多精准用户所观看。例如，某运营者的短视频账号定位是介绍汽车驾驶技术，那么该账号的目标用户就是汽车驾驶新手或者对驾驶汽车感兴趣的用户，在运营者发布短视频之后，平台就会将短视频推荐给这两种经常会浏览这类短视频的精准用户。所以运营者通过账号定位可以更容易找到自己的精准用户。

2. 提高用户黏性

进行账号定位之后，运营者的短视频就应围绕着账号的定位来进行制作和发布，这样更有利于提高用户黏性。短视频平台将短视频推荐给精准用户之后，用户如果觉得运营者的短视频是有价值的，用户就会进行点赞、留言、转发等操作，使短视频被更多的人看到。同时，如果运营者的短视频可以给这些用户持续地带来价值，那么用户还会关注运营者的短视频账号，从而提高用户黏性。如果运营者的账号定位不清晰又会出现什么样的情况呢？下面通过一个短视频账号定位不清晰的典型案例来进行介绍，该案例如图 2-1 所示。

在图 2-1 中，该运营者的短视频账号定位并不清晰，没有持续地为用户带来有价值的内容，该运营者的短视频账号发布的主要内容是搞笑短视频，吸引了不少喜欢看搞笑短视频的用户进行点赞、关注、留言和转发。但是除了发布搞笑短视频外，该运营者又发布了风景、运动等不一样的短视频内容，从而导致该短视频账号用户黏性较差。

图 2-1　短视频账号定位不清晰案例

2.1.2　账号定位的方法

在进行账号定位时，运营者可以使用一些方法来进行定位。通过使用定位方法，运营者可以准确且合理地定位短视频的账号，避免定位错误的情况发生。下面为运营者介绍一种短视频账号定位的常用方法——SWOT 分析法。

1. SWOT 分析法的基本知识

SWOT 分析法又称态势分析法，是一种能够较为客观而且准确地分析和研究某一个对象现实情况的方法。

SWOT 分析法自形成以来，已经逐渐被许多企业应用到包括企业管理、竞争对手分析、产品研发等各个方面，此外也有越来越多的个人将其应用到自我认知分析、职业生涯规划等方面。在进行短视频的账号定位时，运营者同样可以利用 SWOT 分析法来分析自身或者企业的情况，从而找到合适的短视频账号定位。

分析直观、使用简单是 SWOT 分析法的主要优点，即使运营者没有精确的数据支持和专业化的分析工具,也可以在使用该方法后得出有说服力的结论。但是,这种直观和简单也导致 SWOT 分析法的分析结果不够精确。具体来说,因为运营者在罗列研究对象的内部优势、劣势和外部的机会、威胁等方面时,难免会带有一些主观的判断,所以在使用 SWOT 分析法进行短视频账号定位时,运营者要尽量保证判断依据的客观、真实和准确。

2. SWOT 分析法的步骤

使用 SWOT 分析法进行短视频账号定位的步骤包括分析环境因素、构建 SWOT 模型和得出账号定位方向。

1) 分析环境因素

运营者首先要分析研究对象(例如个人或者企业)所处的环境因素。在 SWOT 分析法中,S、W、O、T 分别代表 4 种环境因素,其中 S(Strengths)表示优势,W(Weaknesses)表示劣势,O(Opportunities)表示机会,T(Threats)表示威胁,运营者在分析环境因素时要从这 4 个方面进行分析。

S(Strengths,优势)是指研究对象的内部有利因素,具体包括擅长领域、创新技术、资金

图 2-2　抖音账号"贫穷料理"

储备、用户基数、人脉资源、企业形象和成本优势等方面,如果研究对象的某个内在因素相比于竞争对手处于较有利的地位,或者有竞争对手不具备的因素,那么就可以列为优势。

例如抖音账号"贫穷料理",其短视频内容主要呈现的就是一个男生利用一些较为朴素的食材制作出精美的菜品,该短视频账号的运营者就是凭借"会做饭"这个优势,吸引了几千万用户的关注。抖音账号"贫穷料理"如图 2-2 所示。

在图 2-2 中,大家可以看到"贫穷料理"账号的短视频获赞次数达 1.2 亿,粉丝数为 2002.3 万,是一个特别成功的短视频账号。所以,运营者找到自己的优势、发挥自己的特长是至关重要的,运营者个人或者企业的优势决定了账号定位的大方向。

W(Weaknesses,劣势)是指研究对象内部的不利因素,具体包括资源不足、资金不足、人力不足、管理漏洞、管理混乱等方面,如果该内在因素在形势上处于比竞争对手不利的地位,那么就可以将其罗列为劣势。劣势人人都有,不必为此懊恼,运营者要做的就是正视自己的劣势,将自身的劣势罗列出来。

O(Opportunities,机会)是指研究对象本身之外的有利因素,具体包括新技术、新政策、新商业模式、市场需求扩大和竞争对手失误等,如果某个外在因素是有利于研究对象发展的,那么就可以罗列为机会。

T(Threats,威胁)是指相较于研究对象本身之外的不利因素,具体包括新的竞争对手、同质化产品的增加、经济衰退等,如果某个外在因素是不利于研究对象发展的,那么就可以罗列为威胁。

2）构建 SWOT 模型

使用 SWOT 分析法进行短视频账号定位的第二步是构建 SWOT 模型，SWOT 分析模型如表 2-1 所示。

表 2-1　SWOT 分析模型

内部环境 ＼ 外部环境	机会（Opportunities）	威胁（Threats）
优势（Strengths）	机会优势策略（SO）	威胁优势策略（ST）
劣势（Weaknesses）	机会劣势策略（WO）	威胁劣势策略（WT）

在表 2-1 中，SWOT 分析模型按照内部环境和外部环境分别对运营者分析得出的环境因素进行了罗列展示，然后运营者可以通过两两分析组合的方式，最终得出 4 方面的策略，即机会优势策略（SO）、机会劣势策略（WO）、威胁优势策略（ST）和威胁劣势策略（WT）。

机会优势策略：在该组合下的状态是外部环境有机会，并且研究对象有优势。对于该组合，运营者的策略就是充分利用研究对象的优势，抓住机遇。

机会劣势策略：在该组合下的状态是存在一些外部机会，但是研究对象有一些内部的劣势妨碍着它利用这些外部机会。对于该组合，运营者的策略就是利用一些外部资源来尽量弥补研究对象的内部劣势。

威胁优势策略：在该组合下的状态是外部环境有一些威胁，但是研究对象在面对这些威胁时有一定的优势。对于该组合，运营者的策略是利用研究对象的优势回避或者减轻外部威胁的影响，最终将威胁转化为机遇。

威胁劣势策略：在该组合下的状态是外部环境有一些威胁，并且研究对象在面对这些威胁时有一定的劣势。对于该组合，运营者的策略是减少内部劣势的同时回避外部环境威胁，即不正面迎接威胁，尽量减少威胁对于研究对象的影响。

3）得出账号定位方向

在完成环境因素分析和构建 SWOT 模型后，运营者便可以通过分析得出短视频账号的定位方向。

运营者根据 SWOT 模型对机会优势策略、机会劣势策略、威胁优势策略和威胁劣势策略进行分析，以确定研究对象目前应该采取的策略。分析这些策略的基本思路：发挥优势因素，克服劣势因素，利用机会因素，化解威胁因素，最终运营者结合个人想法或者公司要求制定出短视频账号的定位方向。

2.1.3　账号定位的技巧

在进行短视频账号定位时，运营者利用 SWOT 分析法确定短视频账号的定位方向后，就可以结合一定的账号定位技巧来定位账号的特色。常见的账号定位技巧包括设置反差、制造标签、借用典故和切换场景,下面进行具体介绍。

1. 设置反差

设置反差指的是运营者通过对不同事物或同一事物的不同方面的差异程度进行对比来定位账号特色,常见的反差包括年龄反差、性别反差和生物反差。

1)年龄反差

年龄反差就是所设定的人物性格或行为方式与实际年龄不符,从而使用户产生差异感。抖音账号"小顽童爷爷"如图 2-3 所示。

在图 2-3 中,"小顽童爷爷"账号的短视频内容大多数都是爷爷奶奶穿着"呆萌"的衣服,摆弄着俏皮姿势或者说一些可爱的语言。在普通人的身边,到了这个年纪的爷爷奶奶很多都在跳广场舞、打太极,而这两位却在做一些年轻人经常做的事情,通过这种年龄反差的技巧,使得账号具有了鲜明的特色。

2)性别反差

性别反差就是男扮女装或者女扮男装。例如抖音账号"多余和毛毛姐",该账号就是一个典型的使用该技巧的账号。"多余和毛毛姐"短视频截图如图 2-4 所示。

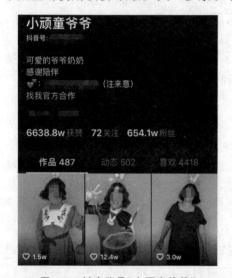

图 2-3　抖音账号"小顽童爷爷"　　　　　　图 2-4　"多余和毛毛姐"短视频截图

在图 2-4 中,该运营者一人分别饰演两个角色,带着女生的假头套,模仿女生的举止,看起来非常有趣,有利于加深用户的印象。

3)生物反差

生物反差就是指利用其他生物来表现人类的心理活动,例如利用猫、狗等宠物来讲人的故事,抖音平台上的账号"**是只猫"目前获赞 1.4 亿,有 1114.6 万的粉丝,其实猫咪本身没有改变,只是使用了人的画外音和字幕,来表现猫咪的心理活动,这样就会变得很有趣。抖音账号"**是只猫"如图 2-5 所示。

2. 制造标签

运营者可以结合短视频账号定位方向制造一到两个标签,标签可以是一个动作、一句话,甚至可以是一个眼神。标签的作用在于使短视频账号的定位特色能够让用户更加快速地识别并记忆,例如"贫穷料理"短视频账号,该账号的标签就是"贫穷""美食"和"按时吃饭",用户一想到这些标签,就会想到该账号。

3. 借用典故

借用典故就是以历史典故或传说典故中的人物作为短视频账号的定位特色,比较有代表性的短视频账号有"月老玄七""孟婆十九""仙女酵母"等。抖音账号"月老玄七"如图 2-6 所示。

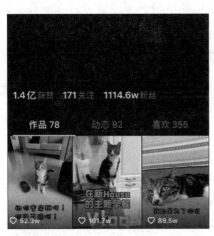

图 2-5　抖音账号"**是只猫"

图 2-6　抖音账号"月老玄七"

在图 2-6 中,大家可以看到一个身穿白衣的月老形象。该账号的短视频主要内容是通过处理一件件男女生恋爱之间的小事来告诉用户一些道理,吸引用户关注。

需要注意的是,借用典故时,运营者要制作典故人物所对应的内容。例如"月老玄七",月老就是神话故事中掌管爱情红线的人物,如果该运营者使用了月老的名称却去制作一些与爱情无关的内容,那么该账号对于用户的吸引力就会大大下降。

4. 切换场景

切换场景就是将我们日常做的一些事情,换到另一个场景中去做,从而设计账号的特色。例如抖音账号"办公室小野",该账号的特色就是在一个办公室中利用生活中一些简单的东西去做饭。办公室在大多数用户的印象中就是一个日常办公的场所,但是该运营者打破了这一思维定式,在办公室里利用一些生活常见的道具做起了美食。在该账号的短视频里,我们可以看到电熨斗制作烤冷面、电暖风制作爆米花等。电暖风制作爆米花场景如图 2-7 所示。

图 2-7　电暖风制作爆米花场景

在图 2-7 中,大家可以看到小野用锡纸将玉米粒包起来,放到了电暖风上面,最终制作成了一堆爆米花(该方法存在一定的安全隐患)。

2.1.4　案例:丸子的账号定位方案

丸子投资了湖北神农架大九湖景区的一家民宿,目前已经装修完毕,准备营业。但是由于这个景区地处深山,所以知名度较低。

丸子发现短视频行业发展十分迅猛,特别是抖音平台和快手平台上用户流量非常大,所以丸子想要借助短视频平台来吸引用户到该景区旅游和住宿,提高自己的营业收入。丸子准备通过 SWOT 分析法先来找到自己账号的定位,找到自己短视频账号的运营方向。

第一步,丸子首先从个人和景区两方面分析了优劣势,个人及景区分析表如表 2-2 所示。

表 2-2　个人及景区分析表

分析角度	优　势	劣　势
个人	文案能力强、时间充足、爱表演、资金充足、懂拍摄技巧、会剪辑短视频、本地人、有民宿等	不会唱歌、不会跳舞、员工少等
景区	纯天然、风景独特、适合拍照等	知名度低、之前口碑较差、交通不便等

丸子又分析了当前的机会和威胁。

机会:短视频平台流量大、平台操作简单、用户年龄跨度大、短视频观感好。

威胁:短视频平台上发布旅游、风景类内容的账号较多,竞争较为激烈。

第二步,丸子将这些内容填写到了 SWOT 分析模型中,丸子的 SWOT 分析表如表 2-3 所示。

表 2-3　丸子的 SWOT 分析表

外部环境　　　　　内部环境	机会(Opportunities)	威胁(Threats)
	短视频平台流量大;平台操作简单;用户年龄跨度大;短视频观感好	短视频平台上搞笑类、剪辑类、唱歌类、跳舞类账号较多,竞争较为激烈
优势(Strengths)	机会优势策略(SO)	威胁优势策略(ST)
个人优势:文案能力强、时间充足、爱表演、资金充足、懂拍摄技巧、会剪辑短视频、本地人、有民宿等; 景区优势:纯天然、风景独特、适合拍照等	通过拍摄景区的纯天然且独特的民宿和风景短视频来吸引用户;还可以编写一些台本在民宿场景和景点场景内进行表演	避免定位为竞争较激烈的账号类型,可利用自己懂拍摄技巧和景区风景独特的优势
劣势(Weaknesses)	机会劣势策略(WO)	威胁劣势策略(WT)
个人劣势:不会唱歌、不会跳舞、员工少等; 景区劣势:知名度低、之前口碑较差、交通不便等	风景景区游客采访类型的短视频,待景区的知名度变高、有口碑之后,再进行尝试	账号不可定位为唱歌、跳舞类

第三步,丸子开始对 SWOT 分析模型中的 4 种策略进行甄别和选择。

丸子主要考虑的是机会优势(SO)和威胁优势(ST)中的策略。机会优势的策略是通过拍摄景区的纯天然且独特的风景和田园牧歌风格的民宿来吸引用户,还可以策划一些内容在民宿场景和景点场景内进行表演,这不仅可以宣传风景,还可以宣传自己的民宿。威胁优势的策略则是与其他竞争较为激烈的账号类型在短视频内容方面产生差异化。

通过对这 4 方面的策略综合分析,丸子最终将短视频账号定位为旅行类短视频为主、表演类短视频为辅。

2.2　短视频的用户画像

运营者建立自己的短视频账号前需要建立用户画像,进而了解自身账号面向的用户,这样有利于运营者换位思考,了解用户偏好,挖掘用户需求,最终生产出用户喜欢的短视频。本节从用户画像的概念和用户画像的建立两方面对用户画像的相关知识进行讲解。

2.2.1　用户画像的概念

用户画像是真实用户的虚拟代表,用户画像是指建立在一系列真实数据之上的目标用户模型,可以理解为海量用户数据的标签化。

用户画像作为一种找到目标用户、分析用户需求的有效工具,运营者利用用户画像来具体地、标签化地、有针对性地描述用户特征,并以此作为短视频精准营销的依据。例如,线上购买咖啡者用户画像如图 2-8 所示。

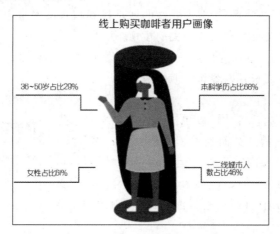

图 2-8　线上购买咖啡者用户画像

在图 2-8 中,我们可以看到线上购买咖啡者用户画像包括了年龄标签数据、学历标签数据、性别标签数据和地域标签数据,通过这些标签数据,我们就能大致看到线上购买咖啡者的用户模型。

2.2.2　用户画像的建立

运营者了解了什么是用户画像之后,便可以开始着手建立自己短视频账号的用户画像。建立用户画像的步骤主要包括获取用户标签数据、确定用户使用场景和形成用户画像 3 个步骤,具体介绍如下。

1. 获取用户标签数据

大多数用户标签都是静态的,这些标签被称为静态标签,是指相应数据在一定的时间范围内相对稳定的标签。用户标签数据主要包括年龄、性别、地域、受教育程度、职业、收入、家庭情况等社会属性以及性格、能力、气质等一些心理属性。这类静态标签的信息是无穷无尽的,运营者选取符合短视频定位需求的标签即可。

运营者获取用户标签数据时,需要对大量的用户数据进行统计。但是无论是个人还是公司,通常自身拥有的数据量较小,且不一定具有行业代表性,因此运营者需要借助工具来获取竞品短视频账号的用户标签数据,以此提高数据的行业代表性,从而完善自己的短视频账号用户画像。

常用的分析短视频的工具有66榜、乐观数据、飞瓜数据和短鱼儿等,这些网站大多数都是收费的,不过也有免费版本可以使用。其中短鱼儿数据网站的免费版功能相比于其他网站更加齐全,所以这里主要以短鱼儿数据网站为例进行讲解。

1) 打开工具

通过浏览器搜索"短鱼儿",打开短鱼儿网站工具,这是一个专门分析抖音平台数据的网站。在网站顶部有红人榜、搜达人、搜短视频和资讯等栏目,通过这些板块和栏目,运营者可以快速地找到自己想要了解的账号和短视频。

2) 筛选账号

想要获取用户的标签数据,运营者要做的就是找到与自己账号定位比较相近的短视频账号,通过各类榜单即可查找和筛选相关的短视频账号。

运营者找到相关的一些账号之后,可以通过抖音短视频平台来浏览相关账号的短视频内容,找到内容与自身的账号内容相类似的账号。

3) 收集数据

筛选好账号之后,运营者就可以单击该账号的头像或者昵称,进入账号的详细信息页面查看相关信息了。例如"王泡芙"账号的账号定位和内容类型与运营者的账号类似,运营者就可以单击"王泡芙"的头像,进入该账号的详细信息页面,然后找到该账号的用户画像。"王泡芙"用户画像的年龄信息如图2-9所示。

在图2-9中,运营者可以看到,该账号的用户标签包括年龄分布、性别分布、地域分布、活跃度分布和设备分布。为了提高用户画像的准确度,运营者可以多分析几个竞品账号,然后将这些数据进行归类汇总,这样就基本可以确定自己账号的用户画像的用户标签数据范围了。

2. 确定用户使用场景

仅仅靠用户的标签数据还不足以让运营者对用户有全面的了解,运营者需要把用户的标签特征融入一定的使用场

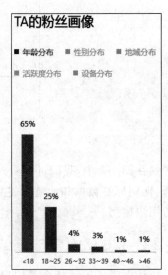

图2-9　"王泡芙"用户画像的年龄信息

景,才能更好地理解用户感受,还原用户形象。

运营者在确定用户使用场景时,主要通过问卷调查、用户深度访谈(电话、面谈)等形式来进行收集用户的相关信息。运营者在开始收集信息前,需要提前建立沟通模板,避免由于措辞不当和提问顺序的变化对用户造成影响,从而使研究结论出现偏差。例如,宠物类账号的用户沟通模板如表 2-4 所示。

表 2-4　宠物类账号的用户沟通模板

问　　题	调研内容
常使用的短视频平台	抖音、秒拍
使用频率	10～20 次/天
活跃时段	晚上 19:00—20:00
使用地点	家
喜欢的宠物类型	猫、狗或其他较为可爱的宠物

在表 2-4 中只展示了运营者可以与宠物类账号用户沟通的部分内容,沟通模板中的具体问题要根据运营者期待获取的信息来进行设置。

设置好需要沟通的内容之后,运营者就可以通过设计调查问卷或者找一些用户进行访谈来确定这类用户的使用场景了。

3. 形成用户画像

运营者最终将用户标签数据和使用场景进行整合之后,就可以形成某类账号完整的用户画像,例如,宠物类账号的用户画像如表 2-5 所示。

表 2-5　宠物类账号的用户画像

项　　目	内　　容
性别	女性为主
年龄	18 岁以下和 18～25 岁为主
地域分布	广东、江苏、山东、河南占比最高
活跃度	普遍为重度活跃者
常使用的短视频平台	抖音、秒拍
使用频率	10～20 次/天
活跃时段	晚上 19:00—20:00
使用地点	家
喜欢的宠物类型	猫、狗或其他较为可爱的宠物

通过这些步骤,运营者就可以建立自己账号的用户画像,然后根据用户画像所具有的一些特征来设计短视频账号的相关内容。当然,这里无论是讲解如何利用短鱼儿数据网站查找宠物日常生活账号,还是确定宠物类账号的用户使用场景,都是为了让运营者能够更好地理解相关知识点。希望运营者能够举一反三,正确地建立自己账号的用户画像。

2.2.3 案例：旅行类账号的用户画像

丸子确定了自己的抖音账号定位之后，还不知道自己面向的短视频用户具有什么样的特征属性，于是丸子开始建立旅行类风景账号的用户画像。

第一步，丸子首先要收集旅行类风景账号的用户标签数据，打开短鱼儿网站，找到旅行类账号的抖音红人排名，如图 2-10 所示。

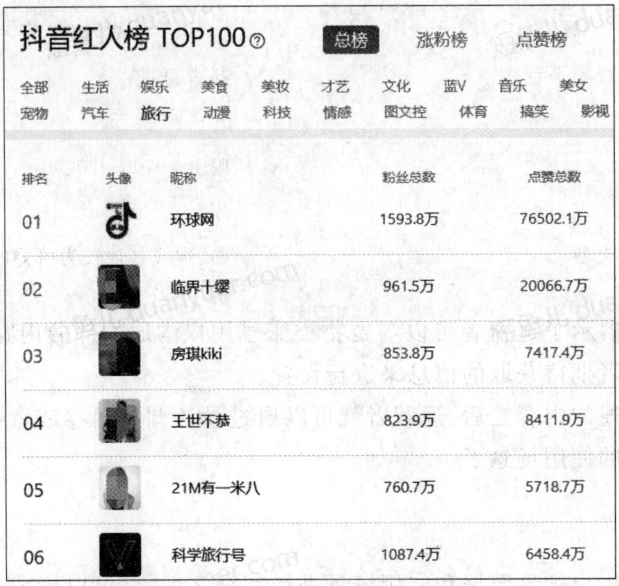

图 2-10　旅行类账号的抖音红人排名

然后，通过抖音短视频观看这些账号的短视频内容，来查找与自己账号定位和内容形式较为类似的账号。经过筛选，丸子发现"走遍中国 5A 景区-大龙""张家界韦斯特旅游""抖宿"这 3 个账号的定位和内容形式与自己想做的短视频内容相差不大，于是将这 3 个账号的用户标签数据进行了收集，用户标签数据汇总如表 2-6 所示。

表 2-6　用户标签数据汇总

数据项目	"走遍中国 5A 景区-大龙"账号数据	"张家界韦斯特旅游"账号数据	"抖宿"账号数据
性别分布	男性占比 29.35%，女性占比 70.65%	男性占比 35.68%，女性占比 64.32%	男性占比 43.46%，女性占比 56.54%
年龄分布	18 岁以下占比 8%，18～25 岁占比 33%，26～32 岁占比 35%，33～39 岁占比 17%，40～46 岁占比 5%，46 岁以上占比 2%	18 岁以下占比 4%，18～25 岁占比 25%，26～32 岁占比 40%，33～39 岁占比 27%，40～46 岁占比 3%，46 岁以上占比 1%	18 岁以下占比 18%，18～25 岁占比 27%，26～32 岁占比 31%，33～39 岁占比 17%，40～46 岁占比 5%，46 岁以上占比 2%
地域分布	江苏、广东、湖北、重庆、四川的用户占比最高	湖北、重庆、四川、广东、湖南的用户占比最高	湖北、重庆、河北、四川、北京的用户占比最高

数据项目	"走遍中国 5A 景区-大龙"账号数据	"张家界韦斯特旅游"账号数据	"抖宿"账号数据
活跃度分布	重度活跃占比 98.23%，中度活跃占比 1.23%，轻度活跃占比 0.54%	重度活跃占比 76.5%，中度活跃占比 6.26%，轻度活跃占比 17.24%	重度活跃占比 83.65%，中度活跃占比 5.38%，轻度活跃占比 10.97%

第二步,丸子设计了与用户的沟通模板,以便于更好地与用户进行沟通,进而获取用户的使用场景信息。因为自己的账号是旅行类账号,所以丸子除了想要了解用户的一些场景行为外,还想了解用户对于旅游类短视频的偏爱类型,于是她设计了如表 2-7 所示的用户沟通模板。

表 2-7　丸子的用户沟通模板

问　　　题	调 研 内 容
经常使用的平台	
使用频率	
观看时间	
关注账号的原因	
点赞的原因	
评论的原因	
取消关注的原因	
是否爱好摄影	
感兴趣的旅行话题	

设计出沟通模板后,丸子通过问卷星这一工具制作了相应的调查问卷,通过调查问卷的形式来获取用户的使用场景信息。调查问卷的部分问题如图 2-11 所示,完整调查问卷可扫描图 2-11 右侧的二维码查看。

短视频调查问卷

本调查问卷只是对您观看短视频相关内容进行调查，不涉及个人隐私和商业用途，请您放心填写！

1.您观看短视频的平台是(　)。[单选题]·*

○抖音

○快手

○微信视频号

○其他

2.您每周观看短视频的频率是(　)。[单选题]·*

○1~5 次

○6~10 次

○11~15 次

○16 次及以上

图 2-11　调查问卷的部分问题

丸子将调查问卷的链接转发到一些旅游社群和朋友圈,让大家填写了调查问卷,最后经过统计得出的用户调查结论如表 2-8 所示。

表 2-8　用户调查结论

问　题	调 研 内 容
经常使用的平台	使用抖音的用户占比最高
使用频率	每周 16 次及以上的使用频率占比最高
观看时间	用户观看时间中午与晚上各占约一半
关注账号的原因	用户表示对于画面有美感、账号持续输出优质内容的旅游账号会持续关注
点赞的原因	用户对于比期望值高、特别走心的短视频会点赞
评论的原因	用户对于想去的旅游风景或者有趣的风景短视频会评论
取消关注的原因	用户对于短视频内容质量下滑、与预期不符、无更新、广告太多的短视频账号会取消关注
是否爱好摄影	大多数用户都爱好摄影
感兴趣的旅行话题	用户对于旅行攻略、旅行故事、美景分享等话题比较感兴趣

第三步,丸子将获取的用户标签数据和用户调查结论进行了整合,即得到了账号定位下的用户画像。旅行类账号的用户画像如表 2-9 所示。

表 2-9　旅行类账号的用户画像

项　目	内　容
性别	女性为主
年龄	18～32 岁
地域	湖北、重庆、四川、广东
活跃度	重度活跃
经常使用的平台	抖音
使用频率	16 次及以上/周
观看时间	中午或晚上
关注账号的原因	画面有美感、账号持续输出优质内容
点赞的原因	比期望值高、特别走心
评论的原因	想去的旅游风景或者有趣的风景短视频
取消关注的原因	短视频内容质量下滑、与预期不符、无更新、广告太多
是否爱好摄影	爱好摄影
感兴趣的旅行话题	旅行攻略、旅行故事、美景分享

2.3　短视频的账号设置

在建立短视频账号时，运营者有一个不能忽视的环节，那就是账号设置。短视频的账号设置内容主要包括账号名称、账号头像、账号简介以及账号封面，这些内容对于账号形象和短视频播放量都会有一定的影响。本节将从设计账号名称、选择账号头像、编写账号简介以及规划账号封面 4 方面对短视频账号设置的相关知识进行讲解。

2.3.1　设计账号名称

一个好的名称对于短视频账号的传播有着重要作用。运营者可以从简单易记、关键词提示、创意命名和数字含义 4 个角度来设计账号名称，具体介绍如下。

1. 简单易记

简单易记是指账号名称应该足够简单，避免生僻词语和复杂的拼写，这样不仅容易让用户记住，也有利于后期的品牌植入和推广。例如"一条小团团 OvO"是一个游戏定位类的短视频账号，其账号名称笔画简单，十分容易记忆，"一条小团团 OvO"账号如图 2-12 所示。

图 2-12　"一条小团团 OvO"账号

2. 关键词提示

关键词提示是指运营者可以将关键词应用到账号名称中。账号名称中的关键词可以是地域、领域等词语，进而向用户提示短视频账号的内容。例如，"每日妙招""居家小妙招"这两个账号就利用了"妙招"这一关键词提示了账号内容与生活小妙招有关，经常干家务的用户就会观看这两个账号的内容，从而找到对自己有用的小妙招；"成都吃客""北京吃货指南"则提示了账号内容所限定的地域并且提示了账号内容与"吃"有关，这样对成都或者北京美食感兴趣的用户就可能会关注该账号。"北京吃货指南"账号如图 2-13 所示。

图 2-13　"北京吃货指南"账号

3. 创意命名

短视频账号数量庞大,想要在众多账号中脱颖而出、让用户记得住,运营者应该起一个有创意的、容易引起用户联想的名字。例如"毒角 SHOW",该账号主要是一个头戴独角兽头套的人分享自己的日常生活,利用了"毒"与"独"、"兽"与"SHOW"的谐音来使自己的账号名称独具创意,让用户更加容易记忆。"毒角 SHOW"账号如图 2-14 所示。

图 2-14   "毒角 SHOW"账号

4. 数字含义

很多短视频账号会巧妙地运用数字来命名,这样不仅能吸引用户的注意,而且还能强调数字所传递的概念。例如"陈翔六点半"就是以"六点半"这个数字时间来命名的,通过这个数字来强调他们的节目是在每天的下午六点半更新,吸引用户的注意。"陈翔六点半"账号如图 2-15 所示。

图 2-15   "陈翔六点半"账号

2.3.2   选择账号头像

一个有辨识度的账号头像可以有效地吸引用户注意,常见的账号头像有真人头像、图文logo、卡通头像等形式,具体介绍如下。

1. 真人头像

运营者使用真人头像可以让用户直观地看到人物形象,拉近心理距离,有助于账号形象的打造。所以,如果运营者想要打造个人形象的账号,建议使用真人头像,例如"李子柒""祝晓晗"这两个账号使用的就是真人头像。

2. 图文 logo

如果运营者想要做品牌方面的账号,就可以使用图文 logo,有利于强化品牌形象。例如"懒饭""科技公元"就是以图文 logo 作为头像的。"懒饭"账号的头像如图 2-16 所示。

图 2-16 "懒饭"账号的头像

3. 卡通头像

有的运营者的账号会以动画为主要短视频内容，那么就可以以动画中的人物作为头像，这样有助于强化角色形象。例如抖音账号"一禅小和尚"，一禅小和尚是该账号短视频内容的主人公，所以该账号的头像就是动画中一禅小和尚的形象，"一禅小和尚"账号的头像如图 2-17 所示。

图 2-17 "一禅小和尚"账号的头像

2.3.3 编写账号简介

短视频账号简介可以理解为一种自我介绍的文案，来传达运营者想要用户了解的信息。常见的简介内容主要包括介绍自己、表明态度或者留下联系方式，具体介绍如下。

1. 介绍自己

介绍自己就是为了让用户更加清晰地了解自己的账号或者个人形象，例如"仙鹤大叔张文鹤"，该账号的简介内容就是对自己的个人形象进行了一些补充，使用户更加了解自己。"仙鹤大叔张文鹤"账号简介如图 2-18 所示。

2. 表明态度

表明态度更多是账号在表明自己的理念和调性，这样可以吸引和账号拥有相同态度的用户来关注。例如"一条"，该账号的简介内容就是一种对于生活的态度，从而吸引其他与该账号态度一样的用户进行关注。"一条"的账号简介如图 2-19 所示。

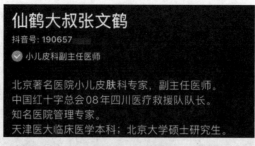

图 2-18　"仙鹤大叔张文鹤"账号简介

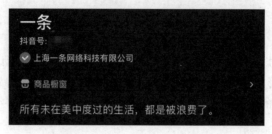

图 2-19　"一条"的账号简介

3. 留下联系方式

留下联系方式则是运营者为了方便想进行商务合作、信息交流的用户联系到自己。运营者可以在简介中留下微信号、QQ 号以及微博等联系方式。例如"小品一家人",该账号的简介就包括联系方式。"小品一家人"的账号简介如图 2-20 所示。

图 2-20　"小品一家人"的账号简介

2.3.4　规划账号封面

封面也叫头图,是用户进入运营者短视频账号的主页后看到的一张图片。运营者可以通过图片的形式来展示自己想要表达的内容,常见的内容形式包括吸引关注、补充信息等。

1. 吸引关注

吸引关注是指运营者在封面上添加文案话术,提示用户关注账号。用户一般不会主动地关注某一个短视频账号,但是运营者如果进行提示引导,那么就可以有效地提升用户的关注转化。例如"迎风剪影"账号的封面图，如图 2-21 所示。

图 2-21　"迎风剪影"账号的封面图

在图 2-21 中，"迎风剪影"账号是以"谢谢你这么好看还关注我"的感谢话术来吸引用户关注的。

2. 补充信息

补充信息是指运营者在账号简介中有未完整表达的信息，那么就可以通过封面图来进行补充，以便于用户更加了解自己的账号。例如"观威海"的账号封面图，如图 2-22 所示。

图 2-22　"观威海"的账号封面图

在图 2-22 中，"观威海"是一个威海市广播电视台的官方账号，为了让用户能够更加清晰地对账号有所了解，就在封面图中补充了属于官方账号的全称"威海市广播电视台官方账号"以及口号"观世间百态，传播正能量"。当然，有很多账号其实是没有封面图的，对于封面图，运营者可以根据自己的需要进行选择和制作。

📖 多学一招：抖音短视频账号的登录

市场上的大多数短视频平台都可以通过微信、QQ 和手机号等方式登录。例如，抖音平台的账号登录界面如图 2-23 所示。

图 2-23 抖音平台的账号登录界面

在图 2-23 中,大家可以看到抖音平台有手机号登录、头条号登录(与抖音平台同属于一家公司)、iPhone 账号登录、QQ 登录、微信登录和微博登录 6 种账号登录方式,且注册流程十分简单。

2.4 短视频的账号培养

账号培养在短视频行业中还有另外一个说法——养号。账号为什么要培养呢?因为一个新账号或者一个很久没有登录的老账号,如果只是单纯地发短视频,那么在短视频平台的算法下,有很大的概率会被判定为营销号(营销号指的是专门用来做运营和营销的账号,而不是一个正常的用户账号),从而无法获得抖音给每个短视频作品分配的初始流量。本节对账号培养的步骤进行详细讲解。

2.4.1 账号培养步骤

掌握短视频账号的培养步骤,有利于运营者正确地开展账号培养工作。账号培养工作主要包括观看平台短视频、模拟用户行为、拍摄短视频测号和发布正式短视频 4 个步骤,具体介绍如下。

1. 观看平台短视频

观看平台短视频是指运营者使用短视频账号观看相应短视频平台的其他用户所发的短视频内容。该步骤是为了向短视频平台证明使用短视频账号的用户是一个新用户。运营者在观看短视频时要注意以下 5 点。

(1)只观看短视频平台自然推荐的短视频,不要自己去搜索短视频。

(2)不要对观看的短视频进行点赞和评论等行为。

（3）观看短视频的总时间要控制在 2～4 天，每天 1～2 个小时左右，时段分早、中、晚进行。

（4）观看的短视频数量达 100～200 即可。

（5）观看短视频的时候遇到喜欢的短视频要完整观看，不喜欢的短视频也尽量要观看短视频总时长的一半以上。

2. 模拟用户行为

模拟用户行为是指运营者使用短视频账号来模拟普通用户的一些常规操作，例如点赞、评论、转发等。该步骤是为了向短视频平台证明使用短视频账号的用户是一个正常的用户。运营者在模拟用户行为时要注意以下 4 点。

（1）2～3 天内同样只观看短视频平台自然推荐的短视频，不要自己去搜索短视频。看到喜欢的短视频可以点赞，但是要等短视频播放结束之后再点赞，短视频没有播放完不必点赞。

（2）运营者在进行评论时，要选择一些点赞量较高的短视频进行评论，并且评论的内容一定要契合短视频内容，不可随意评论。

（3）运营者遇到与自己账号定位相类似的短视频，且短视频的点赞量、评论量等都较高，那么就可以进行点赞、评论和转发操作了。

（4）进行 2～3 天的模拟用户操作后，运营者便可以开始搜索与自己账号定位相类似的其他账号。运营者应对一些用户关注度较高的同类型短视频大号进行关注、点赞、评论等操作，尽量多地去观看与自己账号定位相似的短视频，这样可以保证短视频平台对运营者账号进行准确定位。

3. 拍摄短视频测号

经过前两个步骤，账号的初步培养已经完成。接下来，运营者就需要拍摄 1～2 个短视频并进行发布测号了。在该步骤，运营者要注意以下两点。

（1）短视频平台对于新账号的前 5～10 个短视频要进行人工审核。所以，为了让账号更加接近真实用户使用情况，运营者可以使用短视频平台自带的拍摄功能来拍摄短视频，可以拍摄一些与自己账号定位相关的内容，并不一定是想要发布的正式内容。

（2）发布短视频之后，隔几小时再去看短视频数据。如果有 100～500 的播放量就说明该账号是正常的。如果短视频数据不正常，那么就需要运营者继续前两项操作，直到"养号"成功。

运营者需要注意的是，如果所培养的短视频账号的数据一直较差的话，那么就建议更换账号，重新开始账号培养工作。此外，养号方法不是一成不变的，需要根据不同平台规则、时下的平台特点进行调整。

4. 发布正式短视频

经过这样一系列的操作，运营者在观看短视频时，发现推荐的内容和自身账号的定位内容相似之后，就可以开始稳定地发布短视频了。

以上就是短视频账号培养的主要步骤，账号培养的目的是让短视频平台判定账号用户是一个正常的用户，保证能够正常获得流量。所以运营者在进行账号培养时，要参考培养过程中要注意的事项，灵活应用。

2.4.2　案例：丸子的账号培养方案

丸子确定好短视频账号的定位、用户画像以及账号的名称、头像等内容后，便注册了抖音账号，丸子的抖音账号如图 2-24 所示。

但是，丸子并没有直接开始发布短视频，而是先准备进行养号的工作，避免被抖音平台认定为营销号，无法获得推荐流量。于是，丸子准备先策划培养账号的方案，以保证培养账号工作的顺利开展。

培养账号的第一步是观看平台短视频，丸子在该步骤要做的就是模拟新用户使用抖音平台。丸子准备用 2 天时间在早上、中午、晚上 3 个时间段分别观看短视频，每次约 30min。因为新用户是不会自己去搜索的，所以对于短视频内容，丸子主要是观看平台推荐的内容，观看短视频的时候遇到喜欢的短视频要完整观看，不喜欢的短视频也要观看短视频总时长的一半以上。抖音推荐内容的界面如图 2-25 所示。

图 2-24　丸子的抖音账号

图 2-25　抖音推荐内容的界面

培养账号的第二步是模拟用户行为。丸子这次准备花费 4 天的时间来完成该步骤。前两天，丸子在观看抖音平台推荐的短视频时，对一些自己喜欢的短视频点赞，并且如果遇到同样为旅行类的短视频，还评论和转发。同样为早上、中午、晚上 3 个时间段来观看短视频，每次约 30min。接下来的 2 天，丸子计划通过搜索的方式来查找一些旅行类账号，对一些用户关注度较多的同类型短视频大号进行关注、点赞、评论、转发等操作。抖音平台搜索界面如图 2-26 所示。

在图 2-26 中，丸子通过在搜索框中输入"旅行""风景""民宿"等关键词来搜索与自己账号定位类型相类似的账号来模拟用户操作。

培养账号的第三步是拍摄短视频测号。在这一步骤，丸子准备 3 天内使用抖音 App 自带的拍摄功能，拍摄一些民宿生活中的小片段，例如吃饭、散步等场景，每天发布 1～2 个短

图 2-26　抖音平台搜索界面

视频来测试账号是否正常。丸子为了模拟真实的用户操作，决定发布测试短视频后的 6 小时后再去查看短视频数据。

　　丸子在 3 天的拍摄短视频测号期间，发现用于测号的短视频连续 3 天内的播放数据都是正常的，播放量为 100～500，且数据较为稳定。丸子就计划开始正式发布旅行类的短视频内容了。

　　计划好培养账号的步骤后，丸子将计划整理成了一个方案以便后续查看，如表 2-10 所示。

表 2-10　培养抖音账号的方案

步　　骤	时　　间	内　　容	注 意 事 项
观看平台短视频	2 天（7 月 22 日—23 日）：早上、中午、晚上 3 个时间段分别观看短视频，每次约 30min	观看平台推荐的内容	观看短视频的时候遇到喜欢的短视频要完整观看，对不喜欢的短视频也要观看短视频总时长的一半以上
模拟用户行为	2 天（7 月 24 日—25 日）：早上、中午、晚上 3 个时间段分别观看短视频，每次约 30min	观看平台推荐的短视频时，要给一些自己喜欢的短视频点赞，并且如果遇到同样为旅行类的短视频，还要评论和转发	必须看完短视频才能进行相关操作
	2 天（7 月 26 日—27 日）：早上、中午、晚上 3 个时间段分别观看短视频，每次约 30min	搜索一些旅行类账号，对一些用户关注度较多的同类型短视频大号进行关注、点赞、评论和转发等操作	

步　　骤	时　　间	内　　容	注意事项
拍摄短视频测号	3天(7月28日—30日)不定时	每天发布 1～2 个短视频来测试账号是否正常	发布测试短视频后的 6 小时后再去查看短视频数据
发布正式短视频	长期(8 月 1 日开始正式发布)	查看测试短视频的数据,3天都是正常的,播放量是否为 100～500	无

丸子完成抖音账号的培养工作,保证账号能够正常使用之后,便正式开始了该账号的相关工作。

2.5　本章小结

本章主要讲解了读者在短视频项目的起步阶段需要开展的工作,主要包括账号定位、用户画像、账号设置和账号培养。

希望读者通过本章的学习,能够顺利地建立自己的短视频账号,为之后的运营工作打下坚实的基础。

2.6　课后作业

1. 项目背景

"重回汉唐"是一个汉服品牌,于 2006 年 3 月正式成立,属于国内创立较早的汉服品牌,对于汉服文化的研究也领先于其他品牌,早已形成了自己的品牌特色。"重回汉唐"拥有专业的摄影团队、模特团队、设计团队和生产团队。此外,为了更好地宣传汉服文化,"重回汉唐"还会举办有关汉服的各种活动。相较于其他较大的汉服品牌,例如"明华堂""控弦司""汉客丝路"等,"重回汉唐"在衣服款式、配色等方面存在一定的差距;相较于小品牌,价格方面则存在一定的劣势。值得一提的是,经市场调研发现,这些较大的汉服品牌还没有开始建设自己的短视频账号;一些不追求品牌,而是想要通过价格竞争来获取市场的商家已经在短视频领域中有了一席之地。由于现在短视频行业正处于风口,为了更好地宣传汉服文化和自有品牌,"重回汉唐"公司的老板想要进军短视频行业,在抖音上建立品牌账号,以增加品牌知名度。

2. 工作任务

你作为一名新加入该公司的短视频运营人员,请根据所学知识,通过 SWOT 分析法对"重回汉唐"品牌的短视频账号进行定位(需要列出详细的定位步骤)。

第 3 章

选题策划：好思路才能产出好内容

思政案例

【学习目标】

- 熟悉要素内容选题法,能够使用要素内容选题法策划常规选题。
- 掌握九宫格选题法,能够用九宫格选题法策划常规选题。
- 掌握思维导图选题法,能够用思维导图选题法策划常规选题。
- 了解高赞选题法,能够用高赞选题法策划常规选题。
- 熟悉热点日历选题法,能够用热点日历选题法策划热点选题。
- 掌握热点事件选题法,能够用热点事件选题法策划热点选题。
- 了解主题归纳选题法,能够用主题归纳选题法策划系列选题。
- 熟悉情节拆分选题法,能够用情节拆分选题法策划系列选题。

一个爆红网络的短视频背后往往有一个很好的选题策划方案,一个优秀的选题会为短视频的制作指明方向,使最终做出的短视频更容易获得流量。而低质量的选题则很难产出一个优秀的短视频,平白耗费运营者的时间和精力。所以在短视频制作之前,做好选题策划工作至关重要。通常来说,运营者首先需要通过各类方式获取选题方向,然后由选题方向扩展为候选选题,最后从候选选题中选出要用的选题。

在短视频行业,选题可以分为常规选题、热点选题和系列选题,本章对如何策划好这 3 类选题进行详细介绍。

3.1 短视频的常规选题

短视频的常规选题通常是指在大多数时候都可以使用的选题,不具有时效性和连续性。常规选题是在短视频运营中最常见的选题,数量占比很大,因此掌握策划常规选题的方法极为重要。本节介绍要素内容选题法、九宫格选题法、思维导图选题法和高赞内容选题法 4 个策划常规选题的方法。

3.1.1 要素内容选题法

在现在的各个短视频平台中,我们可以发现,那些热门的短视频往往具有一些共同点,例如表达了相似的情绪,或者采用了相同的情感表达手法。之所以会有这些共同点,往往是因为这些热门短视频的选题中,采用了一些大众喜闻乐见的要素。我们在策划常规选题时,就可以采用一些大众喜闻乐见的要素,以此为核心点设计出选题方向,进而扩充成为一个选题。

　　大众喜闻乐见的要素有很多,常见的要素包括爱情、友情、亲情、爱国、感伤、怀旧、振奋、感动、地域、群体等,下面逐一进行介绍。

　　1. 爱情

　　爱情是短视频领域中一个十分热门的要素,有大量的短视频围绕爱情这个要素进行选题,常见的"情侣之间的生活日常""情侣吵架""男女之间的暧昧故事"等短视频,其选题都是围绕爱情展开的。

　　在设计以爱情为核心要素的选题时,运营者可以重点考虑一些能引起用户共鸣或者搞笑有趣的选题方向,例如能引起用户共鸣的"忘记重要日子"选题方向和搞笑有趣的"搞笑情侣游戏"选题方向;然后通过选题方向拓展成具体选题,例如能引起共鸣的"忘记女朋友生日会怎么样"选题和搞笑有趣的"对视 10 秒不许笑挑战"选题。

　　图 3-1 所示的是抖音账号"金财和腊凤"发布的某个短视频画面,完整视频可扫描图 3-1 右侧的二维码观看。

图 3-1　"金财和腊凤"发布的某个短视频画面

　　图 3-1 展示的短视频讲述了"女生假装打了眉钉,然后男友的反应十分崩溃和夸张"的故事,该短视频采用了"爱情"这一要素,选题方向大致为"对象对某事的反应",选题可以总结为"女生假装打眉钉后男友的反应"。

　　2. 友情

　　友情要素的选题方向主要分为两类,一个是体现关系好、互帮互助的"好兄弟"选题方向,另一个是经常互相调侃的"损友"选题方向。这两类选题方向没有优劣之分,只要内容选得好,就有可能成为爆款短视频。

　　在设计以友情为核心要素的选题时，对于"好兄弟"选题方向运营者可以采用一些"正能量"的相关内容；而对于"损友"选题方向运营者则可以多设计搞笑有趣的相关内容。

　　图 3-2 展示的是抖音账号"疯产姐妹"发布的某个短视频画面，完整视频可扫描图 3-2 右侧的二维码观看。

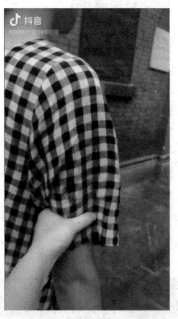

图 3-2　抖音账号"疯产姐妹"发布的某个短视频画面

　　图 3-2 展示的短视频讲述了"闺蜜拔完智齿后，'作死'去吃了火锅引发牙疼，然后被发布者不断取笑"的故事，该短视频采用了"友情"这一要素，选题方向大致为"取笑闺蜜的'作死'行为"，选题可以总结为"取笑'作死'吃火锅引起牙疼的闺蜜"。

3. 亲情

　　在短视频领域中，从亲情要素衍生出的选题方向主要包括展示孩子可爱呆萌、弘扬养老正能量、家人相亲相爱的行为等。在设计以亲情为核心要素的选题时，运营者可以多从"通过故事展现温馨"的角度思考。图 3-3 展示的是抖音账号"语儿 & 哥哥"发布的某个短视频画面，完整视频可扫描图 3-3 右侧的二维码观看。

　　图 3-3 展示的短视频讲述了"妹妹接哥哥放学时，跑过去让哥哥抱起来"的故事，该短视频采用了"亲情"这一要素，选题方向大致为"妹妹接哥哥放学"，选题可以总结为"妹妹接哥哥放学时的亲情动作"。

4. 爱国

　　爱国在短视频平台中也是一个很重要的要素，尤其是在一些资讯类账号和时政类账号中。在设计以爱国为核心要素的选题时，运营者一般会将名人或事件直接作为选题，将对应的名人名言或事件画面作为短视频内容。图 3-4 展示的是某个爱国事件报道的短视频画面，完整视频可扫描图 3-4 右侧的二维码观看。

图 3-3   抖音账号"语儿 & 哥哥"发布的某个短视频画面

图 3-4   某个爱国事件报道的短视频画面

图 3-4 展示的短视频讲述了"一群学生在走进校园的路上,听到突然响起国歌,不约而同地停住脚步敬礼"的故事,该短视频采用了"爱国"这一要素,选题方向大致为"学生的爱国行为",选题可以总结为"当国歌突然想起时学生的行为"。

5. 感伤

采用感伤要素的短视频往往会注重营造忧郁、悲凉、凄婉、愁苦等氛围,以带动用户的情绪,达到使用户产生共鸣并喜欢上该视频的目的,常见的选题方向包括失恋、孤独、失望等。在设计以感伤为核心要素的选题时,运营者可以选择介绍心情、讲述故事等选题方向,进而得出能表达出感伤情绪的具体选题。图 3-5 展示的是某情感号的感伤类短视频画面,完整视频可扫描图 3-5 右侧的二维码观看。

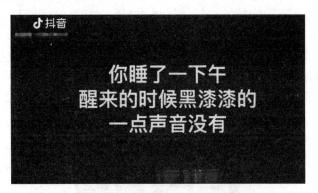

图 3-5　某情感号的感伤类短视频画面

图 3-5 展示的短视频讲述了"一个人醒来后发现天黑了，且手机没有新消息，以此解释'孤独'一词"的故事，该短视频采用了"感伤"这一要素，选题方向大致为"孤独"，选题可以总结为"介绍什么是孤独"。

6. 怀旧

采用怀旧要素的短视频往往会包含各类旧时元素（如服装、物品、场景、影像等），运营者在设计以怀旧为核心要素的选题时，可以多从这几个方面考虑。图 3-6 展示的是某个怀旧情绪类短视频画面，完整视频可扫描图 3-6 右侧的二维码观看。

图 3-6　某个怀旧类短视频画面

图 3-6 展示的短视频引用了《妈妈再爱我一次》这一电影，该短视频采用了"怀旧"这一要素，选题方向大致为"用旧时影视作品和歌曲引人怀旧"，选题可以总结为"通过《妈妈再爱

我一次》电影和其他怀旧要素让用户回忆起小时候"。

7. 振奋

振奋要素通常能使用户感到被激励。在设计以振奋为核心要素的选题时，很多运营者会从锻炼、学习、自律等角度进行构思，并会加上一些正能量的语言、有冲击性的画面或激情的音乐。图 3-7 展示的是某个振奋情绪类短视频画面，完整视频可扫描图 3-7 右侧的二维码观看。

图 3-7　某个振奋类短视频画面

图 3-7 展示的短视频通过一些动物的行为，讲述了"你在吃而别人在运动"的观点，督促用户去运动。该短视频采用了"振奋"这一要素，选题方向大致为"鼓励减肥"，选题可以总结为"用动物来鼓励人通过控制饮食和多运动减肥"。

8. 感动

感动情绪选题的短视频会让用户感受到温暖或感动，往往会通过阐述故事或者展现画面的方式，让用户被感动。在设计以感动为核心要素的选题时，运营者可以考虑采用救死扶伤、互帮互助、做好事不留名等选题方向，进而设计出具体的选题。图 3-8 展示的是某个感动情绪类短视频画面，完整视频可扫描图 3-8 右侧的二维码观看。

图 3-8 中展示的短视频讲述了"年轻人帮长辈抬水"的故事，该短视频采用了"感动"这一要素，选题方向大致为"帮助老人"，选题可以总结为"年轻人和倔强长辈抬水"，短视频通过挑水时候维护长辈自尊的小细节，体现出让人感动的亲情。

9. 地域

地域指的是针对特定地域的选题，例如针对某城市的美食探寻、针对某个国家的风景等。运营者在策划这类选题时，需要明确对应的地域范围是什么，以免选题偏离实际目标。图 3-9 展示的是某个以地域元素（北京）设计选题的短视频画面，完整视频可扫描图 3-9 右侧的二维码观看。

图 3-8　某个感动类短视频画面

图 3-9　某个以地域元素设计选题的短视频画面

图 3-9 展示的短视频推荐了 5 家北京"必吃"的美食店铺，该短视频采用了"地域"这一要素，选题方向大致为"北京美食"，选题可以总结为"北京的美食攻略"。

10. 群体

群体是指针对特定群体的选题,例如针对中老年人的养生选题、针对年轻人的减肥选题、针对学生的学习选题等。运营者在策划这类选题时,需要明确自己账号的受众群体,并选择该选题对应的目标群体。图 3-10 展示的是某个以群体元素(中老年人)设计选题的短视频画面,完整视频可扫描图 3-10 右侧的二维码观看。

图 3-10 某个以群体元素设计选题的短视频画面

图 3-10 展示的短视频介绍了若干种"中老年人补钙食物",该短视频采用了"群体"这一要素,选题方向大致为"中老年人补钙",选题可以总结为"介绍中老年人补钙时常吃的食物"。

多学一招:拓展选题方向的思路

很多时候选题方向只是一个词语或短语,而选题往往是一个句子,例如"升国旗"是一个选题方向,而"天安门升国旗的实拍记录"是一个选题。那么在实际工作中,把选题方向拓展为选题时有哪些思路呢?我们可以从以下几个角度进行拓展。

"为什么":通过分析选题方向的某些原因,得出选题。例如选题方向是"给对象过生日",可以拓展为"我为什么一定要给男友过生日"。

"怎么做":通过介绍选题方向衍生出的一些行为,得出选题。例如选题方向是"给对象过生日",可以拓展为"今年我给对象过生日时的那些神操作"。

"添加关键词":在选题方向之外,再添加一些关键词,得出选题。例如选题方向是"给对象过生日",添加"糟糕"和"快乐"两个关键词,可以拓展为"我给女友过了一个糟糕的生日,结局却是她很快乐"。

3.1.2 九宫格选题法

九宫格选题法是一种简单易学,且能快速上手的短视频选题方法。简单来说,九宫格选题法就是先列举自己擅长或有能力制作的短视频的关键词,和用户想看或有需求的短视频的关键词,然后将这两类关键词列为两个九宫格,再两两进行组合,每一个组合都是一个选题,最后对这些选题进行筛选,得出最终具体选题。九宫格选题法中两个九宫格的结构如

图 3-11 所示。

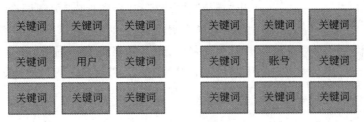

图 3-11　九宫格法中两个九宫格的结构

从图 3-11 中可以看出，两个九宫格各有 8 个关键词，整体来说，使用九宫格法策划选题可以分为填写用户关键词、填写账号关键词、组合关键词并得出最终选题 3 个步骤。

1. 填写用户关键词

用户关键词的内容主要包括用户的需求、喜好等，一般可以从账号的竞品分析中提取，也可以翻阅大量自己粉丝的"喜欢"页面，从中提取关键词。运营者还可以通过私信功能向用户分发调查问卷，收集用户的喜好和需求，或者私聊询问用户关注自己的原因，从而获取需求。

例如一个提供女性穿搭指南的账号，通过前期调查发现用户主要为年轻女性，其中学生的占比很高，那么就可以首先将用户定位到女性学生，并将"女性、学生"一词放入九宫格中心位置。然后通过竞品分析、行业报告、微博话题等渠道得出她们有美妆、美食、综艺、考研的喜好，有了解什么衣服好看、怎么搭配衣服好看的需求。此外，鉴于情感鸡汤类账号、旅行类账号中一般女性学生用户较多，也可以将"情感鸡汤"和"旅行"作为关键词，最终得出的用户九宫格如图 3-12 所示。

图 3-12　最终得出的用户九宫格

选择用户关键词的方法并不唯一，也没有固定的答案，运营者需要根据实际情况选择关键词。

2. 填写账号关键词

账号关键词的内容主要包括运营者自己擅长的行为或领域、账号特色内容。此外如果是企业、机构类的账号，也可以选择一些与产品、服务相关词语作为关键词。具体选择思路如下。

（1）在自己擅长的行为或领域中，运营者可以从自己擅长做什么类型的短视频、自己的知识专长等角度考虑，挑选关键词。

（2）对于账号特色内容，运营者可以结合账号的定位与优势进行分析，挑选关键词。

（3）从与产品、服务相关的角度，运营者可以根据公司宣传的产品（服务）特点、公司产品（服务）的使用场景，产品（服务）带来的延伸意义等角度思考，挑选关键词。

还是以一个提供女性穿搭指南的账号举例：假如该账号背后的公司主营业务是服装，主要针对二三线城市的市场，并且每年都会有很多的促销活动，那么就可以得出关键词"折

扣"和"二三线城市";该账号的运营者擅长介绍新品、介绍爆款、提供穿搭指南,因此可以得

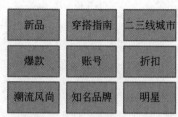

出"新品"、"爆款"和"穿搭指南"关键词;账号一直以来的特点是紧跟潮流、内容时尚,可以归纳为"潮流风尚"关键词;此外,公司还有知名的自有品牌,和一些明星代言资源,可以总结出"明星""知名品牌"两个关键词。最终得出的账号九宫格如图 3-13 所示。

图 3-13　最终得出的账号九宫格

3. 组合关键词并得出最终选题

在填完两个九宫格后,就可以逐一将用户九宫格中的关键词和账号九宫格中的关键词连线,组成关键词对应表。然后从中排除无法组成选题或不适合制作成短视频的组合,最后策划出最终的选题。

例如上文提到的提供女性穿搭指南的账号,其运营者可以将图 3-12 和图 3-13 中的关键词进行组合,可以得出多个组合,运营者需要对这些组合逐一筛选,得出最终选题。例如,图 3-12 和图 3-13 组合可以得出以下选题。

(1) 旅行＋新品＝介绍一件很适合旅游的新品衣服;

(2) 星座＋爆款＝介绍一件能给水瓶座带来好运的爆款裙子;

(3) 情感鸡汤＋二三线城市＝介绍一个三线城市中的励志故事。

然后,运营者需要排除一些无法组成好选题的组合,以得到最终的选题,例如:

(1) 排除"折扣＋综艺",因为该公司不可能为综艺节目定制一个商品折扣活动;

(2) 排除"知名品牌＋美妆",因为该品牌没有美妆产品。

完成上述工作后,运营者可以收获若干选题,这些选题就是常规选题,可以在任意时间用于拍摄短视频。

3.1.3　思维导图选题法

思维导图选题法是一种较为常用的选题方法,利用发散性思维,从一个选题方向逐步推导出很多个具体选题来。在实际工作中,运营者首先要找到一个比较宽泛的用户需求或问题,然后对这个需求或问题进行逐层拆解,分离出该需求或问题的所有组成部分,再将这些部分转化为很具象化的候选选题,最终在众多的候选选题中找到最合适的常规选题。

在拆分的过程中,运营者可以参考 MECE 分析法,采用"相互独立,完全穷尽"的思路拆解选题方向。也就是对于各个组成部分能够做到不重叠、不遗漏,进而设计出有价值的完整选题。

例如一个介绍健身方法的短视频账号,就可以通过思维导图法来确定选题。运营者首先需要确定一个选题方向,如"介绍如何练出腹肌"。然后运营者需要针对"如何练出腹肌"选题方向,思考"练腹肌可以分为哪几个维度?",答案可以是"练习动作""练习时间""饮食""练习工具"4 个维度,并列入思维导图,将这 4 个维度列入思维导图,就完成了第一级拆分,图 3-14 展示的是第一级拆分。

接着运营者需要在第一级拆分出来的维度中再

图 3-14　第一级拆分

进行拆分,得到更具体的内容,并列入思维导图,图 3-15 展示的是第二级拆分。

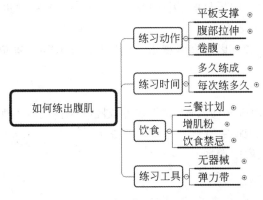

图 3-15　第二级拆分

在拆分到第二级后,运营者发现拆分出的内容已经足够具象化,无须再拆分,拆分工作就此结束。最后运营者需要将第二级中的内容拓展为具体选题,具体选题如图 3-16 所示。

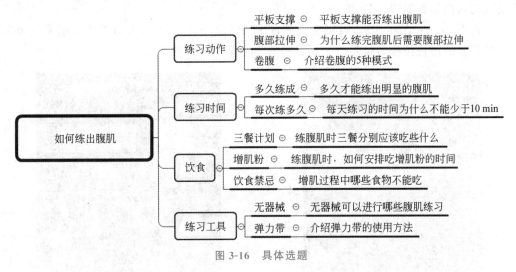

图 3-16　具体选题

📖 **多学一招：MECE 分析法**

MECE 是 Mutually Exclusive Collectively Exhaustive 的缩写,中文意思是"相互独立,完全穷尽"。

MECE 是麦肯锡思维过程的一条基本准则。"相互独立"意味着问题的细分是在同一维度上并有明确区分、不可重叠的,"完全穷尽"则意味着全面、周密。

MECE 重点在于帮助使用者找到所有影响预期效益或目标的关键因素,并找到所有可能的解决办法,而且它会有助于使用者进行问题或解决方案的排序、分析,并从中找到令人满意的解决方案。

3.1.4　高赞选题法

除了前面所说的 3 种选题方法,还有一种相对简单的选题方法,即高赞选题法。高赞选题法指的是模仿其他高点赞量短视频设计出来的选题。一般来说,一个短视频得到很多点赞时,其选题一定是用户喜闻乐见的,因此模仿同行的高赞短视频进行选题,可以让自己的短视频内容更有机会成为爆款。

在实际工作中,运营者可以从资源积累、排名查询、工具筛选等角度去找高赞内容。

1. 资源积累

运营者在平时浏览短视频的时候,就需要养成随时保存优质短视频的习惯,并且最好能将其分类保存,持续积累就能建立起一个优质短视频库。后续如果想要找参考的高赞短视频,就可以在优质短视频库中选择。

2. 排名查询

在各个短视频 App 中,有很多短视频采用了相同的音乐或特效,尤其是在抖音中,这一风气更加盛行。在抖音中,每个音乐或特效都有专属的详情页,在该详情页中所有短视频都会按照点赞量的高低排序,运营者可以直接按顺序参考选题。例如在抖音中,查看音乐专属详情页的入口位置如图 3-17 所示。

点击图 3-17 中的按钮后,可以看到该音乐的详情页,其中的短视频都是采用了该音乐,点赞量越多的短视频排名越靠前。某音乐的详情页如图 3-18 所示。

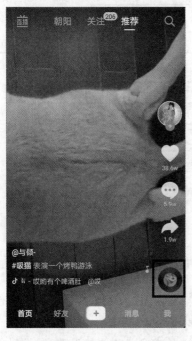

图 3-17　查看音乐专属详情页的入口位置

图 3-18　某音乐的详情页

除了音乐外,在抖音中,特效往往也有专属的详情页,查看特效专属详情页的入口位置如图 3-19 所示,特效的详情页与音乐的详情页相似,也是点赞量越多排名越靠前。某特效的详情页如图 3-20 所示。

图 3-19　查看特效专属详情页的入口位置

图 3-20　某特效的详情页

3. 工具筛选

除了在短视频 App 中找高赞短视频外，还可以通过第三方工具进行查找，例如在第三方工具 TooBigData 的官网中，就可以在"最火抖音视频"中寻找适合自己的短视频。TooBigData 官网的"最火抖音视频"栏目如图 3-21 所示。

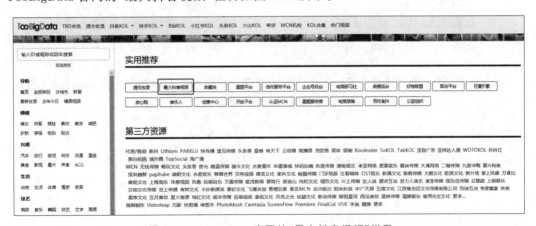

图 3-21　TooBigData 官网的"最火抖音视频"栏目

3.1.5　案例：丸子策划常规选题

丸子在运营抖音账号的过程中，发现选题是一件很费神的工作，于是她决定采用较为热门的九宫格选题法，积累一批选题，便于后续的运营工作。

首先丸子计划制作用户关键词九宫格，得到关键词的方法如下。

（1）根据账号用户画像"感兴趣的旅行话题"一栏可知，用户对旅行攻略、旅行故事和美景分享感兴趣，这 3 个词可以直接作为关键词，即"旅行攻略""旅行故事""美景分享"。

（2）通过和用户进行私聊沟通得知，很多用户是因为视频中的风景画面好看才关注的该账号，获知此信息，从中可以提取出关键词"画面美"。

（3）在账号用户画像"评论的原因"一栏中，内容是"想去的旅游风景或者有趣的风景视频"，从中可以提取出"有趣"一词作为关键词。

（4）通过对同行短视频的调研，发现交通指南、旅行折扣和拍照技巧这 3 个方面的短视频较受用户欢迎，因此提取出"交通指南""旅行折扣""拍照技巧"3 个关键词。

丸子将以上 8 个关键词列入九宫格，得到的用户关键词九宫格如图 3-22 所示。

然后丸子开始着手制作账号关键词九宫格，得到关键词的方法如下。

（1）根据账号分析法中 SWOT 分析模型得出的 4 种策略，可以提取出"民宿""景区""表演""采访游客"4 个关键词。

（2）根据丸子自己的文案能力足和该地本地人的特点，丸子适合讲解景区周边的风土人情，因此可以提取出"讲解风土人情"关键词。

（3）根据民宿可以提供餐饮、住宿和娱乐设施的情况，提取出"提供餐饮""提供住宿""提供娱乐设施"3 个关键词。

丸子将以上 8 个关键词列入九宫格，得到的账号关键词九宫格如图 3-23 所示。

图 3-22　用户关键词九宫格

图 3-23　账号关键词九宫格

接着丸子将两个九宫格的内容一一对应，制作成了关键词对应表，关键词对应表如表 3-1 所示。

表 3-1　关键词对应表

| | | 用户需求 | | | | | | | |
		旅行攻略	旅行故事	美景分享	画面美	有趣	交通指南	旅行折扣	拍照技巧
账号可提供的	民宿								
	景区								
	表演								
	采访游客								
	讲解风土人情								
	提供餐饮								
	提供住宿								
	提供娱乐设施								

完成表 3-1 后，丸子对该表进行了筛选，将无法组合成选题或自己不愿拍摄的单元格标上了灰色，例如"表演＋旅行折扣""提供餐饮＋有趣""讲解风土人情＋拍照技巧"，筛选后的关键词对应表如表 3-2 所示。

表 3-2　筛选后的关键词对应表

		用户需求							
		旅行攻略	旅行故事	美景分享	画面美	有趣	交通指南	旅行折扣	拍照技巧
账号可提供的	民宿								
	景区					■			
	表演			■		■		■	
	采访游客				■				
	讲解风土人情							■	■
	提供餐饮			■		■			
	提供住宿				■				
	提供娱乐设施								

最后在得出选题步骤中，因为丸子的短视频账号具有地域限制，因此她将余下的选题组合搭配上"大九湖""神农架""朴野"等关键词，组合出了 50 个选题，部分选题如下。

（1）民宿＋旅行折扣＋神农架＝介绍神农架里的超低价民宿。

（2）景区＋交通指南＋大九湖＝如何不走回头路地游遍大九湖。

（3）提供餐饮＋拍照技巧＋大九湖镇＝如何拍好大九湖镇的美食。

（4）采访游客＋旅行故事＋朴野＝5 个住在朴野的游客的旅行故事。

3.2　短视频的热点选题

热点指的是比较受广大群众关注的事件、信息、日期，或指某时期引人注目的事物，例如节日、突发的重大新闻、突然蹿红网络的人等都属于热点，而热点选题指的就是以热点事件或热点事物作为短视频主题的一类选题。

在实际工作中，在设计热点选题时，较为常用的方法包括热点日历选题法和热点事件选题法，本节分别进行介绍。

3.2.1　热点日历选题法

热点日历选题法是对一些可预期的热点进行选题设计的方法。在设计热点日历选题时，运营者往往可以通过日历来选定日期对应的节日、活动、纪念日、周年等，进而设计选题。在设计这类选题时，运营者往往需要在对应日期前就设计好选题，并开始为拍摄做准备。设计热点日历选题时首先要明确目标日期，然后将日期与账号定位相匹配，得出选题方向，最后确定具体选题，具体过程如下。

1. 明确目标日期

通过热点日历进行选题的第一步，是要明确用于选题的日期，该步骤可以通过第三方工具进行查看，例如在新媒体管家的"营销日历"功能中，就可以看到各类纪念日、节日等。图 3-24 所示的是新媒体管家"营销日历"的界面。

图 3-24　新媒体管家"营销日历"的界面

从图 3-24 中可以看到，该营销日历不仅和常见的日历一样，展示出了每个月的具体日期，还在日期下方列出了对应的节日或纪念日。当运营者单击某个日期时，就会展现出该日期详细的节日或纪念日内容。例如单击日期 22 下方的"还有 3 项"按钮，就能看到全部的内容，如图 3-25 所示。

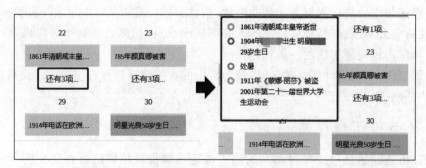

图 3-25　单击日期 22 下方的"还有 3 项"展示的内容

在明确目标日期时，运营者需要结合自己账号的定位进行思考，判断这个日期的相关风俗或含义是不是适合自己的账号定位。例如 5 月 4 日的五四青年节适合用户主体是年轻人的账号，不太适合用户主体是老年人的账号。

需要注意的是，用于选题的日期不一定是具体的某一天，也可能是某几天。例如在设计春节相关的选题时，因为春节假期为期 7 天，所以很多运营者会将日期确定为 7 天。

2．设计选题方向

明确目标日期后，运营者需要将目标日期和自己账号的定位进行结合，并根据实际运营需求和用户需求，设计选题方向。例如一个教育行业的短视频账号，目标日期定于 9 月 1 日开学日，假如用户喜欢看采访类的短视频，则可以将选题方向设定为"采访开学心情"。

在此过程中，运营需求往往来自当前阶段运营者的运营目标，例如涨粉、变现；而用户需求往往来自用户调研和往期短视频数据分析。

3．确定具体选题

有了选题方向后，运营者就要为每个日期确定具体的选题。在这一过程中，运营者需要多思考、多分析，尽量使得选题贴合用户的需求，使由选题制作出的短视频更加有可能成为爆款短视频。例如前文中 9 月 1 日开学日的学生采访类选题，如果账号内小学生父母较多，则可以将选题设计为"采访多位小学生开学的心情"，从而引起小学生父母的共鸣。

3.2.2　热点事件选题法

由于热点事件存在着随机性和不确定性，所以热点事件选题法通常是对一些不可预期的热点事件进行选题设计的方法。运营者在设计这类选题时，首先要找到热点事件，然后利用热点事件设计选题（即追热点事件），具体过程如下。

1．如何找热点事件

想要借助热点事件来策划选题，运营者需要做的第一步是找到热点事件。常见的热点事件可以分为行业型热点事件和社会型热点事件。

1）行业型热点事件

行业型热点事件通常是指某个行业内部的热点事件，运营者可以通过以下方法收集这类热点事件。

（1）翻阅行业 KOL（Key Opinion Leader，关键意见领袖）关注和转发的事件。

（2）在行业社群中查找近期较为热门的话题。

（3）查看行业平台或行业媒体的近期新闻报道，阅读量越高说明事件越热门。

（4）对于有很多同行微信好友的运营者，可以翻阅自己的朋友圈，刷屏的内容即是热点。

（5）浏览行业中大公司的官方账号，从中寻找被大量关注的事件。

2）社会型热点事件

社会型热点事件是指可能会引发大众广泛讨论的事件，例如娱乐圈新闻、新近发生的社会轶事等，运营者可以通过以下途径收集这类热点事件。

（1）查看百度、微博、知乎等平台的热搜榜。

（2）在考拉新媒体导航、今日热榜官网等第三方平台查找。

（3）翻阅各类主题是"讨论社会热点事件"的社群。

（4）查看大众媒体的新闻报道。

2. 如何追热点事件

此处的追热点事件是指根据账号与热点的关联点确定具体选题。追热点事件的短视频有两种常见的形式：一种是直接展示热点内容，不添加观点、评论、故事等补充；另一种是以热点为中心，表达自己的观点、思想或见解。

由于第一种形式相对简单，热点事件即选题，无须策划，所以下面仅介绍第二种形式。在进行这一形式的选题策划时，运营者首先需要分析热点事件和自己账号的关联点，然后根据关联点，找到选题方向并筛选出最终选题。

1) 找关联点

追热点事件的第一步就是找到热点和账号的关联点，运营者在找关联点的时候，可以借助5W1H 法来进行查找。5W1H 是指通过何因(Why)、何事(What)、何人(Who)、何时(When)、何地(Where)、如何(How)6 个角度来找到解决问题的线索，在选题领域具体的思考角度如下。

- Why——该热点事件为什么会发生？导火索是什么？
- What——该热点事件中发生了什么事？有什么内容？
- Who——该热点事件主角是谁？和谁相关？
- When——该热点事件何时发生的？
- Where——该热点事件是在哪里发生的？
- How——该热点事件有什么样的过程？结果是什么？

例如对于"雷军电商直播销售小米产品"这个热点事件，运营者可以搜索相关的新闻报道，从中通过 5W1H 法提取关键要素，表 3-3 展示的是某位运营者提取出的关键要素，供大家参考。

表 3-3　某位运营者提取出的关键要素

角度	要　　素
Why	借着十周年和发布新产品之际促进小米商品的销售
What	一共上架了 20 多款产品(小米 10 至尊纪念版、Redmi K30 至尊纪念版、小米巨能写中性笔、小米体重秤、98 英寸 Redmi 电视、小米透明电视等)
Who	雷军
When	2020 年 8 月 16 日
Where	抖音 App
How	直播时长超过 2h,商品销售额超过 1.09 亿元

假设制作表 3-3 的运营者运营的是一个数码测评类的短视频账号，他可以将该热点事件的要素结合账号特性推导出很多关联点，各要素得出的关联点如表 3-4 所示。

表 3-4　各要素得出的关联点

角度	要　　素	关　联　点
Why	借着十周年和发布新产品之际促进小米商品的销售	该账号曾测评过小米十年中推出的数码产品

角度	要　　素	关　联　点
What	一共上架了 20 多款产品	新产品中包含不少数码产品
Who	雷军	雷军的一些语言段子可以在测评中使用
When	2020 年 8 月 16 日	无关联
Where	抖音 App	通过抖音直播测评数码产品
How	直播时长超过 2h，商品销售额超过 1.09 亿元	销量和质量的关系

2）找选题方向

在找到关联点后，运营者需要根据这些关联点，策划出具体的选题方向，常见思考选题方向的维度包括以下 6 种。

- 旗帜鲜明地提出观点。
- 基于事件本身，理性地对现有观点进行分析和总结。
- 利用关联点，介绍热点事件相关事物。
- 利用关联点，介绍与热点事件相似或相反的事物。
- 基于热点事件提出疑问，进而解答疑问。
- 对热点事件之中的某个环节进行讨论或拓展分析。

例如前文中的某个数码测评类短视频账号，就可以通过上述内容找到选题方向，参考选题方向如表 3-5 所示。

表 3-5　参考选题方向

关　联　点	思考维度	选题方向
小米十年中推出的数码产品在账号中曾进行过测评	利用关联点，介绍热点相关事物	介绍小米十年来数码产品的变化
新产品中包含不少数码产品	基于事件提出疑问，进而解答疑问	测评这些新的数码产品是否好用
雷军的一些语言段子可以在测评中使用	对热点事件之中的某个环节进行讨论或拓展分析	用雷军的语言来测评数码产品
通过抖音直播数码产品相关的内容	利用关联点，介绍与热点事件相似或相反的事物	通过抖音直播测评其他数码产品
销量和质量的关系	旗帜鲜明地提出观点	质量好所以才能销量高

3）筛选最终选题

在找到选题方向后，运营者首先需要将选题方向细化为具体选题，将其作为候选选题。例如"介绍小米十年来数码产品的变化"这个选题方向太过于宽泛，因为数码产品有很多种，变化也有很多方面，运营者可以将该选题方向中"数码产品"细化为"小米手机"，"变化"细化为"特点变化"，于是得到的候选选题就是"介绍小米手机十年来的特点变迁"。

最终，运营者需要根据自己是否有能力、是否有时间、是否有素材等角度来筛选选题，以确定最终选题。

还是以前文中的某个数码测评类短视频账号为例，该账号的运营者最终思考的候选选题及选择结果如表 3-6 所示。

表 3-6　候选选题及选择结果

最 终 选 题	选 择 依 据	选择
介绍小米手机十年来的特点变迁	有能力、有时间、有素材	√
测评小米 10 至尊纪念版	有能力、有时间、有素材	√
用雷军的语气测评 IQOO5 手机	无能力、有时间、有素材	×
通过抖音直播测评手机的 3 个小技巧	有能力、无时间、无素材	×
小米的数码产品质量好在哪里	有能力、有时间、无素材	×

注意：每个热点都是具有时效性的。一般来说，对于影响力较小的热点，追热点的最佳时间往往是 3 天内；而对于影响力较大的热点，追热点的最佳时间往往是 1 周内。

3.3　短视频的系列选题

除了常规选题和热点选题之外，部分短视频还会采取系列选题。如果大家经常翻阅短视频 App，就会发现很多短视频是有上一集和下一集的，这些分为上、下集的短视频往往就属于一个短视频系列。采用系列选题的短视频常见于影视类、故事类、旅行类、美食类的短视频账号中。

对于系列短视频中每个短视频的选题，通常会采用情节拆分选题法或主题归纳选题法，本节对这两种方法进行介绍。

3.3.1　情节拆分选题法

情节拆分选题法就是将系列短视频整体的剧情拆解为多个情节，归纳出每个情节的选题，即分节选题，具体过程如下。

1. 分解整体剧情

运营者首先需要准备好系列短视频整体的剧情，然后根据剧情的起伏，将剧情分解为多个段落。例如一个关于拔牙的系列短视频，主要讲述了这样一个故事：A 去医院拔牙，临行前因为害怕拒绝出门，闺蜜 B 好言相劝许久，A 终于下定决心去拔牙。拔牙后第二天 A 因为嘴馋，没忍住偷偷去吃了一顿麻辣烫，当天夜里因为疼痛难忍再次前往医院。一周后 A 饮食上不再有禁忌，开始胡吃海塞，导致短期内增重数斤。

对此，运营者可以将这个剧情分为如下几段。

第一段：A 去医院拔牙，临行前因为害怕拒绝出门，闺蜜 B 好言相劝许久，A 终于下定决心去拔牙。

第二段：拔牙后第二天 A 因为嘴馋，没忍住偷偷去吃了一顿麻辣烫，当天夜里因为疼痛难忍再次前往医院。

第三段：一周后 A 饮食上不再有禁忌，开始胡吃海塞，导致短期内增重数斤。

2. 确定分节选题

在将剧情分解后,运营者需要为每个情节确定选题,使之能成为一个相对独立的故事,
而非必须看了前文才能看懂的故事。例如前文中关于拔牙的故事,可以将每个情节的选题
策划成如下内容。

第一段选题：哄 A 去拔牙。

第二段选题：A 拔牙后吃麻辣烫,重返医院。

第三段选题：A 胡吃海塞导致增重。

📖 多学一招：系列短视频的封面图设计

除了在选题上需要让系列中每个短视频有所关联外,运营者还需要让系列中每个短视
频的画面有所关联,常见的方式是通过封面图的设计来突出关联性。在系列短视频的封面
图中,以"标题＋数字序号"和相似封面图这两种形式最为常见。相似封面图的系列短视频
案例如图 3-26 所示。

图 3-26　相似封面图的系列短视频案例

在图 3-26 中,框中的 9 个短视频都属于"十个极度危险的 SCP"系列短视频,都采用了
相似封面图,使得用户能一眼就看出它们之间的联系。

3.3.2　主题归纳选题法

主题归纳选题法适用于"剧情独立但有共同点"的系列选题,例如美食类账号中会有杭
州美食、西安美食、广州美食等系列短视频。在为这类系列短视频策划选题时,运营者首先
要找到这类系列短视频的共同点,例如"介绍各地美食""介绍西藏风景"等;然后根据共同

点,列出多个选题方向,形成最终选题。

例如对于"介绍各地美食"这一共同点,可以根据"各地"这个词,细分为西安、武汉、成都、昆明等城市,列出"介绍西安美食""介绍武汉美食""介绍成都美食""介绍昆明美食"等选题方向,最终确定出"介绍西安羊肉泡馍""介绍武汉热干面""介绍成都冰粉""介绍昆明米线"等选题。

在使用主题归纳选题法时,有以下两个注意事项。

(1) 系列短视频中的每个选题之间要有明显的关联性,例如广州美食系列短视频中可以包含试吃三杯鸡、试吃云吞、试吃烧鹅,都是以试吃作为选题方向;最好不要用试吃早茶、为什么肠粉不好吃、游广州必去的 5 个店这样关联性极弱的选题。

(2) 系列短视频中的每个选题之间尽可能要有明显的差异,例如北京旅游系列短视频中可以以市内和郊区来区分选题,也可以以自然风景和人文景观来区分选题;最好不要用老城区、故宫周边、知名老胡同这样相互有重复点的选题。

3.4　本章小结

本章首先介绍了策划短视频常规选题的方法,包括要素内容选题法、九宫格选题法、思维导图选题法和高赞选题法。然后介绍了策划短视频热点选题的方法,包括热点日历选题法和热点事件选题法。最后介绍了策划短视频系列选题的方法,包括情节拆分选题法和主题归纳选题法。

学习本章后,希望读者能够灵活运用各种选题方法,能够在实际运营工作中策划出常规选题、热点选题和系列选题。

3.5　课后作业

1. 项目背景

"高夫"品牌诞生于 1992 年,是市场上第一个男士护理品牌,也是目前国内领先的专业男士护理品牌,产品线跨越了护肤、护发、香水三大领域,高夫致力于为中国年轻男士提供最佳的个人护理解决方案。为了更好地传播品牌和销售商品,目前该公司在抖音平台上申请了名为"gf高夫"的短视频账号。

"高夫"面向的用户主要是 18～25 岁的青年男性,该群体的爱好主要包括美食、发朋友圈、玩游戏、追星、养宠物、摄影、健身、手办、球鞋、旅行、养生、追剧、聚会等关键词。"高夫"品牌的内容主要包括明星代言、线下活动、男士保养小妙招、男性皮肤分析、男性护理产品推荐、新品上市、男性行为研究、品牌新闻事件和促销活动等关键词。

2. 工作任务

你刚刚入职到"高夫"公司的短视频部门,作为短视频运营者,你现在需要为短视频的内容进行选题,选择出你认为最合适的 5 条适合做短视频的常规选题方向(使用九宫格选题法,需要给出具体的选题步骤)。

第 4 章

视频拍摄：自己也能拍出大片效果

思政案例

【学习目标】

- 了解短视频的拍摄设备,能够说出拍摄短视频的常用设备和这些设备的常见组合。
- 熟悉短视频中的常见景别,能够说出不同景别之间的差异。
- 掌握短视频中常用的构图方式,明确不同构图方式的结构。
- 掌握短视频中常用的运镜方式,理解不同运镜方式的特性。
- 熟悉拍摄提纲的结构,能够制作短视频的拍摄提纲。
- 熟悉文学脚本的结构,能够制作短视频的文学脚本。
- 掌握制作分镜脚本的方法,能够独立制作短视频的分镜脚本。

短视频的本质是一种影视作品,虽然不像电影、电视剧这么复杂,但是想要制作出一个优秀的短视频作品,也不是轻而易举可以完成的。在制作短视频的过程中,运营者需要通过种种拍摄手段将自己脑海里的想法变为一个个镜头画面。

想要拍摄优秀的短视频,首先要了解拍摄短视频需要有哪些设备,然后深入学习和掌握短视频拍摄的相关知识,此外还要学会将自己的想法变为短视频剧本。本章对短视频的拍摄设备、短视频的拍摄知识和短视频的拍摄剧本 3 部分进行讲解。

4.1　短视频的拍摄设备

在拍摄短视频之前,运营者首先要对拍摄短视频的相关设备有所了解,合理组合这些设备。不同的设备组合除了拍摄的效果会不同之外,在运营成本上也有不小的差异,深入了解拍摄设备可以让运营者在拍摄好短视频的同时,最大程度上节约资金。本节从认识拍摄设备和组合拍摄设备两个角度对短视频的拍摄设备进行介绍。

4.1.1　认识拍摄设备

根据拍摄设备的功能不同,可以将拍摄设备分为录制设备、场景设备、辅助设备 3 个类别,下面分别进行介绍。

1. 录制设备

录制设备此处是指用于录制短视频的设备,主要包括智能手机、单反相机和摄影机 3 类。

1）智能手机

智能手机是一种像个人计算机一样，具有独立的操作系统，独立的运行空间，可以由用户自行安装软件、游戏、导航等第三方服务商提供的程序，并可以通过移动通信网络来实现无线网络接入的手机类型。

现在的智能手机都具有很好的摄像功能，对于经费较少的运营者而言，使用智能手机拍摄短视频是一个不错的选择。部分型号的智能手机如图 4-1 所示。

苹果iPhone 11（4GB/64GB/全网通）
A13处理器，GPU抗锯齿效果，夜间模
参考价：¥5499
★★★★☆ 7.8 | 52人点评

vivo S7（8GB/128GB/全网通/5G版）
4400万AF双摄自拍，双模5G，超级夜
参考价：¥2798
★★★★☆ 8.4 | 12人点评

OPPO Reno4（8GB/128GB/全网通/5G版）双模5G，超级夜景视频，视频
参考价：¥2999
★★★★★ 9.0 | 96人点评

华为P40 Pro（8GB/128GB/全网通/5G版）徕卡四摄，麒麟990 5G，40W快
参考价：¥5988
★★★★★ 8.7 | 22人点评

vivo X50 Pro（8GB/128GB/全网通/5G版）微云台超感光主摄，超感光夜
参考价：¥4298
★★★★★ 9.4 | 19人点评

OPPO Find X2 Pro（12GB/256GB/全网通/5G版）120Hz超感屏，3K分辨率
参考价：¥5999
★★★★★ 9.4 | 200人点评

图 4-1　部分型号的智能手机

2）单反相机

单反相机全称为单镜头反光式取景照相机（single lens reflex camera），是一种通过反光取景的单镜头相机。单反相机适合拍摄对画质清晰度较高的短视频画面，一般较为专业的运营团队会使用单反相机进行拍摄。图 4-2 展示的是单反相机示例。

3）摄影机

摄影机是一种使用光学原理来记录影像的装置，多用于电影及电视节目的拍摄工作。在实际的短视频拍摄中，由于摄影机体积较大、携带不便，使用摄影机拍摄短视频的运营者相对较少。影视行业的从业者由于习惯使用摄影机，所以才会选择使用摄影机拍摄短视频。图 4-3 展示的是摄影机示例。

图 4-2　单反相机示例

2．场景设备

场景设备是指用于布置场景、提升拍摄效果的相关设备，在短视频拍摄中，常用的场景设备包括灯光、幕布等。

1）灯光

摄影是光影的艺术，灯光对视频质量有着举足轻重的价值，是拍摄短视频中不可或缺的设备。根据作用的不同，可以将灯光设备分为主光设备、辅助光设备、轮廓光设备、顶光设备和背景光设备。

（1）主光设备。

主光设备是短视频拍摄中的主要光照来源，承担着极为重要的照明作用，可以使被拍摄的人或物体（简称被拍摄者）大幅提升亮度。主光设备一般放置在被拍摄者的正面，与摄像头镜头光轴成 0°～15°夹角。缺点是由于光线是正面照射，没有阴影，会使被拍摄者缺乏立体感和层次感。

常用的主光设备包括环形灯、球形灯等。在单人上镜的表演类短视频的拍摄中，往往会用到主光设备，在情景剧类型的短视频拍摄中也会较多地使用主光设备。图 4-4 展示的是短视频拍摄中常用到的环形灯。

图 4-3　松下（Panasonic）HC-MDH3GK 摄影机　　　图 4-4　短视频拍摄中常用到的环形灯

（2）辅助光设备。

辅助光设备是指辅助主光的灯光设备，亮度通常低于主光设备，目的是增加整体立体感，起到突出侧面轮廓的作用。在场景布置过程中，一般会将辅助光设备放在被拍摄者左右侧面 90°的位置，有时也会布置在被拍摄者左前方 45°和右后方 45°，具体位置需要根据实际场景情况而定。需要注意的是，在布置辅助光设备时要避免亮度过高和产生阴影。

常见的辅助光设备包括球形灯、射灯、壁灯、补光灯等，通常还会搭配上灯罩、反光伞等使光线变柔和的配件。辅助光设备常用于固定机位（一般指摄像机处于静止不动）的短视频拍摄环境，例如讲段子、唱歌类型的短视频。图 4-5 展示的是补光灯加灯罩的组合案例。

（3）轮廓光设备。

轮廓光设备又称逆光设备，通常放置在被拍摄者的身后位置，用于勾勒出被拍摄者的轮廓，将被拍摄者从画面背景中分离出来，突出主体的作用。

轮廓光设备一般采用补光灯加灯罩或反光伞的组合。需要注意的是，在布置轮廓光设备时一定要注意调节光线亮度，避免出现被拍摄者背后出现"金光普照"的现象。

图 4-5　补光灯加灯罩的组合案例

　　轮廓光设备通常用于拍摄表现美貌的短视频中,例如换装、"卖萌"等类型的短视频。

　　(4)顶光设备。

　　顶光设备是指从场景顶部位置向下照射的灯光设备,用于给背景和地面增加照明,同时加强瘦脸效果。顶光设备一般采用场地室内的原有灯光,也就是房屋在装修时候自带的灯。顶光设备往往是拍摄环境中本来就有的,因此在拍摄短视频时很多拍摄人员不会刻意去准备。

　　(5)背景光设备。

　　背景光设备又称为环境光设备,用于为场景整体照明,使整个拍摄场景各个位置的亮度都尽可能平均,起到让室内光线均匀的作用。但需要注意的是,背景光设备布置时要尽可能的简单,切忌喧宾夺主。一般采取低光亮、多光源的布置方法。背景光设备在短视频拍摄中使用的频率相对较低,偶尔在情景剧类型的短视频拍摄中会用到。

　　2)幕布

　　对于一些需要添加特效或虚拟场景的短视频,就会使用到幕布这一设备。由于幕布是同一颜色的,便于后期剪辑时将画面中幕布的部分替换为其他素材内容。使用幕布的效果如图 4-6 所示,完整视频可扫描图 4-6 右侧的二维码观看。

图 4-6　使用幕布的效果

在图 4-6 中，上半个屏幕展示的是添加虚拟背景前，采用绿色幕布拍摄的画面；下半个屏幕展示的是添加虚拟背景后的画面。

幕布设备一般由纯色、不透光的布料和支架组成，常见的幕布设备如图 4-7 所示。

图 4-7　常见的幕布设备

3. 辅助设备

辅助设备是指辅助拍摄工作、提高拍摄质量的相关设备，常见的辅助设备包括传声器（即话筒、麦克风）、三脚架、稳定器、航拍器等。

1）传声器

虽然大多数相机设备都具有收音功能，但是由于环境干扰、声源过远等因素导致效果并不好，因此在短视频拍摄中，需要用到传声器设备来收录声音。传声器设备分无线传声器或者有线传声器，图 4-8 展示的是无线传声器和有线传声器的使用场景。

(a) 无线传声器连接单反　　　　　(b) 计算机外接传声器设备

图 4-8　无线传声器和有线传声器的使用场景

2）三脚架

三脚架最大的作用在于保证短视频画面的稳定，避免画面抖动或倾斜，一般用于拍摄固定机位（拍摄设备的位置）的画面，通俗来说就是人物移动、背景静止的画面，例如跳舞、访谈。图 4-9 展示的是三脚架。

3）稳定器

对于需要移动拍摄的画面,三脚架就无法承担起避免抖动的职责了,此时就需要用到稳定器。稳定器可以消除画面抖动问题,使运动中的画面尽量保持稳定。对于不同的拍摄设备有不同类型的稳定器,例如手机稳定器、单反稳定器、摄影机稳定器等,图 4-10 展示的是手机稳定器。

图 4-9   三脚架   图 4-10   手机稳定器

4.1.2   组合拍摄设备

在了解了拍摄设备后,运营者还需要了解如何根据自身需求组合适合自己的拍摄设备。通常来说,运营者需要根据短视频的内容有选择性地组合拍摄设备,例如在拍摄室外特效类的短视频时,往往会采用"单反相机+三脚架+幕布+主光设备"的组合;而在拍摄唱歌类的短视频时,往往采用"手机+三脚架+主光设备+辅光设备+传声器"的组合。下面介绍两种常见的拍摄设备组合。

1. 手机或单反相机+稳定器

这个组合常用于室外舞蹈、情景剧等短视频的拍摄工作,图 4-11 展示的是某个舞蹈短视频的拍摄过程,完整视频可扫描图 4-11 右侧的二维码观看。

从图 4-11 可以看到,拍摄者手持单反+稳定器拍摄一群人的舞蹈,因为自然光充足,所以无须添加灯光设备。

2. 手机+环形灯+手机支架

这个组合常用于室内舞蹈、访谈等短视频的拍摄工作,图 4-12 展示的是手机+环形灯+手机支架拍摄的短视频,完整视频可扫描图 4-12 右侧的二维码观看。

整体来说,拍摄设备组合还有以下规律。

(1) 手机、主光设备、三脚架和传声器在大多数拍摄设备组合都会用到。

(2) 单反、稳定器和辅光设备、轮廓光设备等灯光设备会被较为专业的短视频拍摄团队采用。

（3）幕布、摄影机被使用的频率相对较低，在特定情况下才会被加入设备组合。

图 4-11　某个舞蹈短视频的拍摄过程

图 4-12　手机＋环形灯＋手机支架拍摄的短视频

4.2　短视频的拍摄知识

　　想要拍摄出专业、好看的短视频，除了优良的设备外，运营者还需要了解拍摄的相关知识，例如景别的区分、画面的构图、运镜的技巧等。本节介绍视频景别、画面构图和运镜技巧

3 方面的短视频拍摄知识。

4.2.1 视频景别

在电影中,我们会发现同一个场景的视频会区分出不同的画面,有的是展示整个环境,有的是主角脸部特写,这一些画面其实就是不同的景别。景别是指由于录制设备与被摄体的距离不同,而造成被拍摄者在录制设备中所呈现出的范围大小的区别。

景别划分一般可分为 5 种,由近至远分别为特写(指人体肩部以上)、近景(指人体胸部以上)、中景(指人体膝部以上)、全景(人体的全部和周围部分环境)、远景(被摄体所处环境),以上 5 种景别如图 4-13 所示。

图 4-13　5 种景别

下面分别介绍这 5 种景别。

1. 特写

特写一般是指拍摄人物肩部以上部位(主要是头部)或者某个物品局部的画面,图 4-14展示的是一头鹿的特写画面。

图 4-14　一头鹿的特写画面

从图 4-14 中可以看到,鹿的头部特征和细节展露无遗,便于用户仔细观察。特写画面擅长细微地表现人物面部表情、刻画人物,表现复杂的人物关系,主要用于提示信息、营造悬念或描绘人物的内心活动,其背景可以虚化,甚至消失。正因为特写镜头具有强烈的视觉感受,所以特写画面的数量不能过多,一般仅用于突出重点的环节。

特写一般用于表达情绪或展示细节的画面中。

2.近景

近景一般拍摄到人物胸部以上位置,镜头位置相比特写稍远一些。图 4-15 展示的是人物的近景画面。

图 4-15　人物的近景画面

从图 4-15 中可以看到,画面中展现了人物胸部以上的身体,使人和花在画面中融为一体。近景能着重表现人物的面部表情或手臂动作,传达人物的内心世界,是刻画人物性格最有力的景别。近景一般用于 2~3 人访谈的画面。

3.中景

中景一般拍摄到人物腰部以上位置,也就是被拍摄者的上半身。图 4-16 展示的是一个中景画面。

图 4-16　中景画面示例

从图 4-16 中可以看到,画面展示了两个人的上半身。中景画面是叙事性较强的景别,因此中景画面在讲述故事的短视频中占比较高。在包含对话、动作和情绪交流的场景中,利用中景可以最有利、最兼顾地表现人物之间、人物与周围环境之间的关系。中景的特点决定了它可以更好地表现人物的身份、动作以及动作的目的。中景常用于人与人之间交流的画面。

4. 全景

全景画面一般包含物品的全貌或人物的全身,图 4-17 是一个全景画面。

图 4-17　全景画面示例

在图 4-17 中,4 个角色全身都清晰地展现,并且背景环境相对清晰。在全景画面中,人物的全身都能得到展现,可以将其体型、衣着打扮、身份交代得比较清楚,同时该人物所处的环境也能得到较为清晰的呈现。短视频的开头和结尾处通常会使用到全景画面。

5. 远景

远景画面一般展示的是整个环境的全局画面,图 4-18 展示的是某个雪地中的远景画面。

图 4-18　某个雪地中的远景画面

从图 4-18 中可以看到一片广阔的雪原,其中有一个占画面比例很小的人。远景一般用来表现远离录制设备的环境全貌,展示人物及其周围广阔的空间环境、自然景色和群众活动大场面的镜头画面。一般风景类或特效类的短视频会用到远景画面。

4.2.2　画面构图

拍摄短视频和平时拍摄照片一样，都需要合理地布局画面中被拍摄者的位置，使画面更美观，更能吸引用户的注意力，这就要求运营者对短视频画面构图的知识有所掌握。优秀的画面构图可以让短视频的重点突出，使用户对这个短视频感到满意。在短视频拍摄中，构图方法没有定式，需要拍摄人员结合画面布局、周围环境、内容特点等自行考量选择哪个构图方法。下面介绍一些常见的画面构图方法。

1．中心式构图

中心式构图是指将被拍摄者放在画面中央位置的一种构图方法，也是短视频拍摄中最为常用的一种构图方法。由于大多数人在看一个画面时第一眼会看画面中央位置，因此采用中心式构图可以让用户快速将目光集中在被拍摄者身上，此外，采用中心式构图的画面布局也相对平衡，较为美观。常用于唱歌、跳舞或表演类短视频。图 4-19 展示的是一个表演唢呐的短视频画面。

从图 4-19 中可以看到，唢呐表演者位于整个画面的正中央，用户一眼就能看到。

2．三分线构图

三分线构图就是将画面横向或纵向分为 3 个部分，每一个部分大小都相等。采用三分线构图法的短视频往往生动、立体，能鲜明地表现主题，常用于风景＋人物或者人物＋文字的短视频中。在摆放被拍摄者时，可以将被拍摄者放在任意一个部分内，也可以将被拍摄者放在两条三分线上。图 4-20 展示的是一个表演唱歌的短视频画面。

图 4-19　一个表演唢呐的短视频画面

图 4-20　一个表演唱歌的短视频画面

从图 4-20 中可以看到，表演者位于右边的三分线上，画面较为生动、立体。除此之外，部分短视频软件中还流行"三屏"的特效,也可以归属为三分线构图。图 4-21 展示的是一个采用"三屏"的游戏剪辑类短视频画面。

从图 4-21 中可以看到,画面上中下 3 个部分都是同一个画面,也就是将一个内容在上中下 3 个位置同时进行展示。

3. 框架式构图

框架式构图是利用前景作为框架,形成某种遮挡感,突出框内画面的一种构图方法,作用是使用户重点关注框内的景象,有利于增加构图的空间深度,将用户的视线引导向远处的事物。一般采用这类构图的短视频往往存在框架内外曝光差异大的问题,需要运营者谨防曝光不足和曝光过度。采用框架式构图的短视频通常是舞蹈类和风景类,图 4-22 展示的是一个风景类的短视频画面。

图 4-21　一个采用"三屏"的游戏
剪辑类短视频画面

图 4-22　一个风景类的短视频画面

从图 4-22 中可以看到,高铁的窗户作为框架,其中的风景作为主要展示的内容,将用户的视线引导向远处的云。

4. 九宫格构图

九宫格构图是指将短视频画面各个边都均分为 3 部分,形成一个"井"字。其中的 4 条线被称为"趣味线",而 4 条线的 4 个交叉点则被称为"趣味中心",将被拍摄者放在"趣味中心"上,可以更好地突显出美感,使短视频更加自然和生动。九宫格构图在短视频拍摄中较为少见,一般用于风景+人像的拍摄,图 4-23 展示的是一个汉服 cosplay(角色扮演)的短视频画面。

从图 4-23 中可以看到,人物的头部位于右上方的"趣味中心",整体结构按照九宫格分布,使短视频更加自然和生动。

5.对称构图

对称构图是按照画面中心线或中心点使被拍摄者形成中心线对称或中心对称的一种构图方法。对称构图可以给用户以稳定、安逸和平稳的感觉,常用于有两个主角的短视频。图 4-24 展示的是一对双胞胎姐妹跳舞的短视频画面。

图 4-23 一个汉服 cosplay 的短视频画面

图 4-24 一对双胞胎姐妹跳舞的短视频画面

从图 4-24 中可以看出,姐妹二人分别在画面的左右,呈中心线对称的分布。

6.对角线构图

对角线构图是指将被拍摄者沿画面对角线排布的一种构图方法,能够表现出较强的动感、透视感和生命力,给用户更加饱满的视觉体验,常用于展示物品、描述环境的短视频。图 4-25 展示的是一个弹钢琴的短视频画面。

从图 4-25 中可以看到,钢琴基本是按照"左下-右上"对角线布局的,具有鲜明的远近差异,体现了透视效果。

7.紧凑式构图

紧凑式构图是指将被拍摄者以特写的方式加以放大,使其充满整个画面的构图方式,具有饱满、紧凑、细腻等特点,能刻画出被拍摄者面部的表情和特征,也能突显出很多细节,常用于萌宠、美女帅哥、角落里的美景等类型的短视频。图 4-26 展示的是一只宠物猫的特写短视频画面。

从图 4-26 中可以看到,猫咪的面部占据了大半个画面,并 45°角仰望天空,创作者希望以此表达一种忧郁的情绪。

图 4-25　一个弹钢琴的短视频画面　　　　图 4-26　一只宠物猫的特写短视频画面

4.2.3　运镜技巧

运镜全称运动镜头,即录制设备在运动中拍摄的镜头。运动镜头往往要比静止镜头更符合人的视觉规律,在拍摄时,将镜头运动起来可以使拍摄的作品更具活力。常用的运镜包括"推""拉""摇""移""转""跟"等,下面对这 6 种方式进行讲解。

1."推"

"推"是一个从远到近的运镜方式,也就是在被拍摄者位置不变的情况下,把录制设备的位置向前推进。"推"可以使画面的取景范围由大到小,画面里的次要部分逐渐被推移出画面,主体部分或局部细节逐渐放大。

"推"这种运镜方式的主要作用是突出主体,使用户的视觉注意力相对集中,视觉感受得到加强,造成一种凝视的状态。符合大众在实际生活中由远而近、从整体到局部、由全貌到细节观察事物的视觉心理。"推"镜头示例可以扫描右侧的二维码观看。

2."拉"

与"推"的运动方向相反,"拉"是一个从近到远的运镜方式,即把录制设备的位置由近至远地向后移动,离开被拍摄者。"拉"可以使画面的取景范围由小变大,被拍对象由大变小,画面由局部变为整体。"拉"这种运镜方式的主要作用是交代人物所处的环境。"拉"镜头示例可以扫描右侧的二维码观看。

3."摇"

"摇"是一种录制设备不做移动,借助于支架使录制设备镜头上下或左右摇动拍摄的运镜方式。"摇"很像人的眼睛环视周围,在描述空间、介绍环境方面有独到的作用。"左右摇"

常用于展示宏大场景，"上下摇"常用于展示高大物体的雄伟、险峻。"摇"镜头示例可以扫描右侧的二维码观看。

4．"移"

"移"是一种录制设备沿着水平方向做左右横移拍摄的运镜方式，类似生活中的人们边走边看的状态。"移"和"摇"一样能扩大画面的二维空间映像能力，但是因为录制设备位置会变化，所以"移"比"摇"镜头有更大的自由，能打破画面的局限，扩大空间。"移"镜头示例可以扫描右侧的二维码观看。

5．"转"

"转"可分为"镜头转"和"摇移转"两类。其中"镜头转"是指镜头在一个平面中进行旋转，"镜头转"的方式如图 4-27 所示，其示例可扫描图 4-27 右侧的二维码观看。

图 4-27　"镜头转"的方式

使用"镜头转"这种运镜方式可以打破稳定性，赋予被拍摄者运动感与活跃感。"镜头转"的示例可以扫描二维码查看。

"摇移转"是"摇"和"移"的结合体，使用该运镜进行拍摄时，镜头视角一直定位在被拍摄者上。图 4-28 展示的是"摇移转"的俯视示意图，其示例可以扫描图 4-28 右侧的二维码观看。

图 4-28　"摇移转"的俯视示意图

使用"摇移转"运镜手法可以呈现被拍摄者的更多角度，使被拍摄者的信息展示得更完整。

6. "跟"

"跟"其实是"移"的一种变换用法,即录制设备跟随被拍对象,保持等距离运动。"跟"这种运镜方式要求录制设备始终跟随运动着的被拍摄者,有特别强的穿越空间的效果,适用于连续表现人物的动作、表情或细部的变化。"跟"镜头的示例可以扫描右侧的二维码观看。

4.3 短视频的拍摄剧本

为了能准确表达运营者的拍摄意图,更好地实现拍摄目的,同时使短视频的主题更加突出,节约拍摄资源和时间,运营者需要在拍摄短视频时进行周密的策划,也就是制作短视频的拍摄剧本。通常短视频的拍摄剧本分为拍摄提纲、文学脚本和分镜脚本 3 个类型,下面分别进行介绍。

4.3.1 拍摄提纲

拍摄提纲就是为短视频构建的基本框架,用于记录短视频的各种拍摄内容。适用于记录类、采访类等存在大量不确定因素的短视频拍摄中。拍摄提纲一般包含以下组成部分。

(1) 介绍选题:说明该短视频的选题、立意和创作方向,介绍选题的角度和切入点。

(2) 阐述拍摄目的:说明拍摄该短视频的目的。

(3) 介绍调性:介绍该短视频的风格、节奏、气氛和想要表达的情绪。

(4) 展示剧情:详细展示该短视频中的剧情发展脉络,并为拍摄的场景、视角、画面结构等要素提出建议。

(5) 记录细节处理方法:为剪辑、音乐、画外音等内容提供建议。

拍摄提纲的内容一般较为笼统,不包括很详细的拍摄步骤或拍摄手法说明,需要拍摄人员和剪辑人员根据自身对短视频的理解加以处理,自由度较高。表 4-1 展示的是某个短视频的拍摄提纲。

表 4-1 某个短视频的拍摄提纲

选题名称	把误上高铁的流浪猫抱下高铁
选题介绍	通过实拍介绍一个有爱的故事
目的	通过拍摄有趣的短视频突出高铁乘务人员有爱的一面
风格	画面写实,配音有趣味性
剧情	乘务人员抓住猫的前爪,抱着它走出高铁
其他	全程需要搭配文字字幕说明

在表 4-1 中,介绍了该短视频的选题、目的、风格、剧情等内容,为短视频的拍摄工作奠定了基础。在实际工作中,制作拍摄提纲需要运营者结合选题明确短视频的拍摄目的、剧情

和风格，进而对短视频的拍摄提出一定的建议。

4.3.2　文学脚本

文学脚本在拍摄提纲的基础上增加了很多细节部分，例如短视频中的台词、动作、表情等，可以使该剧本更加丰富、完善。文学脚本中列出了很多可控的因素，将画面构建、运镜方式等不太可控的因素留到了拍摄环节和剪辑环节，能更好地控制短视频的调性和风格。文学脚本没有固定的格式，不过一般都会有剧情、台词、人物等信息。表 4-2 展示的是一个简化版的文学脚本。

表 4-2　一个简化版的文学脚本

场景 1		
地点	理发店	
人物	理发师、顾客	
序号	剧　　情	台词
1	理发师在给顾客理发	
2	理发师不小心手抖了一下，剪坏了顾客的刘海	
3	理发师慌张地看了看周围	
4	理发师将镜子换了个方向，使顾客看不见自己	
5	顾客说话	没事，我不在意

从表 4-2 中可以看到，该文学脚本展示了地点和人物信息，确定了拍摄的位置和演员；并列出了每一个视频部分所要呈现的剧情内容和演员需要讲述的台词，让参与拍摄的人员能够知道需要做什么。但是在该文学脚本中没有出现画面构图、景别等信息，这可能是因为拍摄现场或拍摄设备存在各类不可控性，因此画面构图、景别等交由现场导演或者摄影人员自行选择，降低了因剧本不符合现实情况的风险。

运营者在设计文学脚本时，应首先策划出短视频的剧情，对短视频的内容有完整的构思，然后将自己构思中的重要元素（如时间、地点）列入文学脚本，最后根据自己的构思，将脑海中的画面变为书面的文字，逐条列入文学脚本中。

4.3.3　分镜脚本

分镜脚本又名分镜头脚本，是最为细致的一种剧本，也是最为复杂的一种，可以将短视频中每个画面都详细地体现出来。分镜脚本一般包含镜头长度、景别、运镜方式、拍摄手法、画面内容、台词、声音、特效等组成部分，需要根据实际情况而定。

分镜脚本十分细致，所以其工作量也是最大的，一般规模较大的短视频运营工作室或公司才会采用这一剧本模式，表 4-3 展示的是一个分镜剧本案例。

表 4-3　一个分镜剧本案例

镜头	景别	镜头长度	画面内容	声音
1	远	7s	镜头左边是 17 路车站,此时只有几个人在等车。镜头的右边是马路,车辆来来往往但不拥挤。这时有一些人向车站走去,三三两两,有说有笑	同期声(在拍摄画面的同时进行录音的方法)
2	中	10s	镜头迎向向车站走去的人,并向车站方向移动。此时镜头拍向在人群中的小朱。她正背着书包,哼着流行歌曲,步履轻快地向车站走去。镜头跟拍到车站	
3	中	3s	镜头对着车站,只见 17 路车站上等车的人越来越多。后方的钟表指向 7 点	
4	中	5s	镜头缓缓转向马路,此时的马路变得异常拥挤,车一辆挨一辆,艰难地行驶着	
5	近	3s	镜头对着小朱,她正伸长脖子,焦急地向车的方向张望,并不时地看手表	
6	特写	2s	镜头对准小朱的手表,此时已是 7:20 了	
7	远	8s	镜头对着远处缓缓驶来的 17 路车,并慢慢推进,最终停在了车站	
8	中	5s	等候在车站上的人群纷纷向 17 路车涌去	
9	近	9s	镜头对着小朱。她被人群挤在中间,异常痛苦,但仍努力向车上挤,最后,她终于挤上了车	
10	特写	5s	镜头对准 17 路车厢,里面挤满了人,没有一丝的空地	
11	特写	3s	镜头对准小朱,她一只手紧拉着扶手,随着车的行驶和刹车而左右摇晃,站立不稳	
12	近	5s	终于到站了,小朱艰难地挤下车,松了口气,迅速向学校大门奔去	

从表 4-3 中可以看到,该分镜剧本案例种列出了镜头、景别、镜头长度、画面内容等信息,可以让拍摄者很清晰地了解到每一个镜头要拍摄什么内容、要怎么构图。

在实际工作中,运营者在制作分镜脚本前需要在脑海中构思出每一个镜头的画面,然后通过文字将其描述出来告知拍摄者。

4.3.4　案例:丸子策划风景类的拍摄剧本

丸子在初期拍摄几个短视频后,发现用户反馈并不好,询问了部分用户后发现是自己的短视频太过单调,缺乏结构性。丸子经过分析,觉得自己可以从策划拍摄剧本开始提升短视频的趣味性。正好马上要拍摄一个通过美女游客来展现民宿内景的短视频,于是丸子打算为这个短视频策划一个分镜脚本。

首先丸子觉得自己的创意有限,她去浏览了一些风景和建筑的短视频,找到了一个参考案例,参考案例可扫描右侧的二维码观看。

结合这个参考案例,丸子将短视频分成了 5 个场景,分别是大堂、餐厅、阳台、客房室内和室外。为了适应自己的场景,丸子将运镜方式和景别进行了优化,优化结果如表 4-4 所示。

表 4-4 优化结果

场 景		运 镜 方 式		景 别	
原视频	优化后	原视频	优化后	原视频	优化后
店铺门口	大堂	摇移转	跟	中景	中景
街道 1	餐厅	摇移转	摇移转	中景	中景
街道 2	阳台	摇移转	摇移转	特写	近景
小巷	客房室内	镜头转	镜头转	中景	全景
街道 3	室外	跟	拉	全景	远景

在其他方面，丸子邀请了一位好友来充当模特，并打算将原视频结尾的"回民街"改为"朴野民宿"，配乐也从原来的《归去来兮》改为了更应景的《隔岸(DJ 版)》。

经过对画面和时间的设计后，丸子完成了分镜脚本的策划，完成后的分镜脚本如表 4-5 所示。

表 4-5 完成后的分镜脚本

镜头号	场景	长度	景别	运镜方式	画面	拍摄角度	音效
1	大堂	4s	中景	跟	人物走进大堂	侧面拍	《隔岸 (DJ 版)》
2	餐厅	3s	中景	摇移转	人物站在生意火爆的餐厅中	正面拍	
3	阳台	2s	近景	摇移转	人物倚在阳台栏杆上	侧面拍	
4	客房室内	3s	全景	镜头转	人物躺在床上	俯拍	
5	室外	4s	远景	拉	人物站在民宿招牌下挥手	正面拍	

4.4 本章小结

本章主要讲解了短视频常用拍摄设备、必备的拍摄知识和拍摄剧本的相关知识。

学习本章后，希望读者能够对拍摄设备有所了解，能理解短视频的景别、短视频的拍摄提纲和文学脚本，并且能够运用所学的画面构图和运镜方式知识，制作出合格的短视频分镜脚本。

4.5 课后作业

1. 项目背景

短视频成为"风口"后，越来越多的企业加入了拍摄短视频的行列。但是一些企业由于资金、人才、设备等局限，无法独立拍摄出优质的短视频，于是短视频代运营应运而生。现在有很多短视频代运营公司和工作室，以帮助其他企业或机构运营短视频账号为主要业务。

2. 工作任务

你是一个抖音代运营工作室的成员，客户想让你们模仿一个短视频（模板短视频可扫描右侧的二维码观看），拍一个类似的短视频。为了更加了解模板短视频，领导让你结合模板短视频，做出它的分镜脚本。

分镜脚本要求必须包括运镜方法、景别、时间长度、画面介绍、画面台词。

第 5 章

制作发布：轻松做出热门爆款视频

思政案例

【学习目标】

- 了解 Premiere Pro 的界面，能说出 Premiere Pro 界面中的主要模块。
- 掌握 Premiere Pro 的功能，能够使用 Premiere Pro 剪辑视频。
- 熟悉短视频的优化知识，能够对短视频进行优化。
- 掌握设计短视频标题的相关知识，能够为短视频设计标题。
- 熟悉设计短视频标签的相关知识，能够为短视频设计标签。
- 熟悉设计短视频封面图的相关知识，能够为短视频设计封面图。

在完成短视频前期拍摄工作后，运营者还需要将拍摄完成的视频加以剪辑，并进行各种各样的优化，以增加短视频的吸引力，最后将完成的短视频发布至短视频平台上。本章先对短视频的剪辑知识、短视频的优化知识和短视频的发布知识进行介绍，然后通过一个完整的案例来告诉大家如何制作和发布短视频。

5.1　短视频的剪辑知识

剪辑视频通常是指将拍摄的视频素材，通过选择、取舍、分解、组接等方式，最终制作出一个连贯流畅、含义明确、主题鲜明并有艺术感染力的视频。

在短视频制作的工作中，运营者剪辑视频可以使用 Premiere Pro、爱剪辑、快剪辑、会声会影等工具，其中使用较多的是 Premiere Pro，运营者可以通过 Premiere Pro 完成整个剪辑工作。下面以 Premiere Pro CC 2015.4 版本为例，通过 Premiere Pro 的界面简介和 Premiere Pro 的功能两部分介绍 Premiere Pro，帮助大家学习剪辑短视频的相关知识。

5.1.1　Premiere Pro 界面简介

由于 Premiere Pro 相对复杂，第一次使用该软件的运营者可能会不知所措，所以下面会对 Premiere Pro 的界面进行简单介绍，帮助运营者了解这个软件。

在下载安装完成 Premiere Pro 后，双击桌面的 Premiere Pro 图标即可启动软件。启动 Premiere Pro 后，即可看到"开始"界面，在"开始"界面中可以新建项目、打开项目等。Premiere Pro 的"开始"界面如图 5-1 所示。

在图 5-1 中，"打开项目"是打开现有的 Premiere Pro 项目，"新建项目"是新建一个 Premiere Pro 项目。一般运营者需要单击的是"新建项目"。单击"新建项目"后会弹出"新

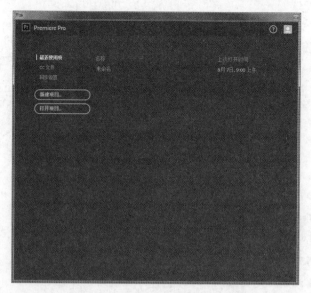

图 5-1　Premiere Pro 的"开始"界面

建项目"对话框,如图 5-2 所示。

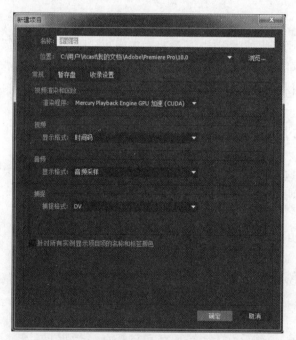

图 5-2　"新建项目"对话框

在图 5-2 中,运营者需要填写项目名称和选择项目保存位置,其余设置皆用软件默认的即可。单击"确定"按钮后 Premiere Pro 的界面就会展现在运营者面前。Premiere Pro 的界面如图 5-3 所示。

从图 5-3 中可以看到,Premiere Pro 的界面分为菜单栏、控制区、节目监视器、素材库、工具栏、时间轴和音频主控。

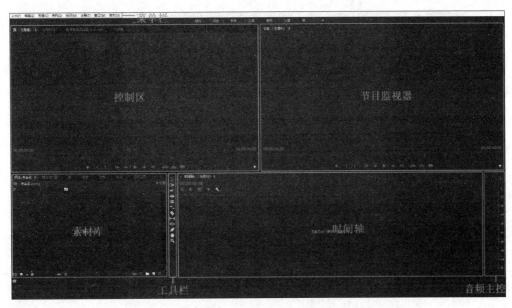

图 5-3　Premiere Pro 的界面

1.菜单栏

在 Premiere Pro 界面中,菜单栏主要用于为大多数命令提供功能入口。其中各菜单的具体说明如下。

- "文件"菜单:包含各种操作文件的命令,如新建、打开、存储、导出、导入等。
- "编辑"菜单:包含各种编辑文件的命令,如撤销、剪切、复制等。
- "剪辑"菜单:包含各种改变视频素材的命令,如重命名、替换素材等。
- "序列"菜单:包含在时间轴窗口中对项目片段进行编辑、管理等常用操作的命令,如序列设置、渲染入点到出点、添加编辑、添加和删除轨道等。
- "标记"菜单:用于"时间轴"面板中的素材标记和节目监视器中的素材表的编辑,如标记入点、标记出点、清除入点、清除出点等。
- "字幕"菜单:包含对字幕进行编辑的命令,如新建字幕、字体设置、文字对齐等。
- "窗口"菜单:包含管理区域的各个入口,如工作区的设置、历史面板、工具面板、效果面板、时间轴面板等。
- "帮助"菜单:用于帮助用户解决在使用 Premiere Pro 过程中遇到的问题。

2.控制区

控制区主要用于编辑和播放单独的原始素材文件,该区域包含"源""效果控件""音频剪辑混合器"和"元数据"4 个面板,其中"源"面板和"效果控件"面板是 Premiere Pro 中最常用的面板,具体介绍如下。

1)"源"面板

"源"面板用于查看素材的原始效果,该面板在初始状态下是不显示画面的,若想在该面板中显示画面,需要将"项目"面板中的素材拖入该面板。"源"面板结构如图 5-4 所示。

图 5-4　"源"面板结构

在图 5-4 中，"监视器"用于实时预览素材，"编辑按钮"区域用于选择素材区域和播放素材等。

2）"效果控件"面板

"效果控件"面板主要用于调整素材的位置、不透明度、根据不同参数设置关键帧，通常情况下与"效果"面板搭配使用。在"效果"面板中添加效果之后，可在"效果控件"面板中进行修改、删除等操作。例如，在时间轴中为素材添加了"复合模糊"效果，则在"效果控件"面板中可对"复合模糊"参数进行调整，"复合模糊"参数展示如图 5-5 所示。

图 5-5　"复合模糊"参数展示

3. 节目监视器

节目监视器是用来显示在"时间轴"面板的视频序列中编辑的素材、图形、特效和切换等效果。其中包含了添加标记、标记入点、标记出点、转到入点、后退一帧、播放-停止切换、前进一帧、转到出点、提升、提取、导出帧等按钮。

4. 素材库

素材库主要用来显示并管理素材和项目文件，在该区域中共包含"项目""媒体浏览器""库""信息""效果""标记""历史记录"7 个面板，其中比较常用的是"项目""信息""效果"和"历史记录"面板，具体介绍如下。

1）"项目"面板

"项目"面板主要用于管理项目所使用的所有原始素材。"项目"面板分为素材列表、素材信息和工具按钮 3 部分。"项目"面板结构如图 5-6 所示。

图 5-6　"项目"面板结构

各区域具体介绍如下。

- 素材列表：用于罗列导入的相关素材。
- 素材属性：用于查看素材属性信息，例如帧速率、媒体持续时间等参数。
- 工具按钮：可以进行查看、管理、新建等素材相关的操作。

2）"信息"面板

"信息"面板用于显示所选素材以及该素材在当前序列中的信息，包括素材本身的帧速率、分辨率、素材长度和该素材在当前序列中的位置等。"信息"面板如图 5-7 所示。

图 5-7　"信息"面板

3）"效果"面板

使用"效果"面板可以在素材上快速应用多种特效。"效果"面板如图 5-8 所示。

在搜索框中可以快速找到想要的效果。

图 5-8　"效果"面板

4)"历史记录"面板

"历史记录"面板用于记录用户在编辑视频素材的每一个命令。"历史记录"面板如图 5-9 所示。

删除面板中的命令可以还原到该命令所对应的编辑操作。

5. 工具栏

工具栏中的工具主要用于在"时间轴"面板中编辑素材,共包含 12 个工具。工具栏结构如图 5-10 所示。

图 5-9　"历史记录"面板

图 5-10　工具栏结构

工具栏中的工具介绍如下。

- 选择工具:用于选择轨道中的素材。
- 向前选择轨道工具:选择目标左侧同轨道的素材。
- 向后选择轨道工具:选择目标右侧同轨道的素材。
- 波纹编辑工具:用于改变素材的持续时间,但相邻素材的持续时间不变。
- 滚动编辑工具:用于调整素材的时间长度,其相邻视频的时间长度也会跟着变化。
- 比率拉伸工具:用于改变素材的持续时间和速率。
- 剃刀工具:用于对完整的素材进行切割。
- 外滑工具:用于在轨道中对素材进行拖动,可以同时改变该素材的出点和入点,素材的时间和长度不变。

- 内滑工具：用于在素材中拖动，被拖动的素材出入、点以及素材时间，长度不变。
- 钢笔工具：用于编辑关键帧、增加关键帧、移动关键帧。
- 手形工具：用于控制时间轴的位置。
- 缩放工具：用于调整时间轴的查看比例。

6. 时间轴

"时间轴"面板是用于剪辑、组合各种素材的编辑区域，绝大部分的素材编辑操作都是在该面板中完成的。"时间轴"面板结构如图 5-11 所示。

图 5-11　"时间轴"面板结构

图 5-11 包含了时间标尺、轨道和轨道控制区 3 个区域，下面对这 3 个区域分别进行讲解。

1）时间标尺

在时间标尺区域，"00:00:00:00"显示的内容为"时：分：秒：帧"，在编辑素材时，可通过移动时间滑块进行定位，还可以输入数值实现精准定位。时间滑块如图 5-12 所示。

"帧"是影像动画中最小单位的单幅影像画面，相当于电影胶片上的每一格镜头。

图 5-12　时间滑块

2）轨道

轨道是编辑素材的主要区域，将素材添加到轨道上，即可使用工具对素材进行编辑和排列，每个轨道相当于一个图层，位于上面的轨道上的素材会盖住位于下面轨道上的素材。轨道中包含视频（V）、音频（A）两个轨道。在实际工作中，可以选择菜单栏中的"序列"→"添加轨道"命令，在弹出的对话框中根据需要添加或删除轨道。

3）轨道控制区

轨道控制区用于编辑轨道，如添加、删除、调整轨道高度等操作，其中包含音频轨道控制区和视频轨道控制区两部分，这两部分分别包含视频和音频编辑的一些按钮。

7. 音频主控

音频主控用于查看左声道和右声道音量，当视频中有音频存在时，播放视频，该区域就会实现颜色块波动。其中，左侧颜色块代表左声道，右侧颜色块代表右声道。

📖 多学一招：调整轨道长短

将素材添加到轨道上之后，素材的显示长度会以一个既定的比例进行显示（默认为最小比例显示），如果素材时长较短，素材可能会显示很"短"，如图 5-13 所示。

图 5-13　显示很"短"的轨道

因此在编辑素材时，运营者需要调整轨道的长短。调整轨道长短的常见方法分别是拖动缩放条和使用快捷键，具体使用方法如下。

• 拖动缩放条：在时间轴面板下方有一个缩放条，如图 5-14 所示，将鼠标放置在缩放条两端任意 🔘 处，按住鼠标左键左右拖动即可缩放轨道，缩短缩放条即可拉长轨道，拉长缩放条即为缩短轨道。缩短缩放条效果如图 5-15 所示。

图 5-14　缩放条

图 5-15　缩短缩放条效果

• 使用快捷键：按住 Alt 键的同时上下滚动鼠标可以对轨道进行缩放，其中向上滚动是拉长轨道，向下滚动是缩短轨道。

5.1.2　Premiere Pro 功能介绍

运营者想要通过 Premiere Pro 剪辑短视频，就需要熟练掌握 Premiere Pro 的各种功能。一般来说，剪辑过程中必须掌握新建序列、导入素材、常用工具、取消素材链接、调节播放速率、移动或删除素材、设置素材运动效果等功能，下面分别进行介绍。

1. 新建序列

在 Premiere Pro 中，建立一个序列是编辑视频素材的第一步，只有建立了序列，视频才能在 Premiere Pro 中进行编辑。Premiere Pro 的初学者可能会对"序列"一词感到模糊，如果把项目比作超市、视频比作商品，那么"序列"就是放置商品的货架。

在 Premiere Pro 中，当把素材添加到轨道上后，系统会自动生成与素材相匹配的序列，但由于输出视频文件的差异，此时的序列并不一定是我们想要的，所以往往要自行设置序列。执行"文件"→"新建"→"序列"命令（或按 Ctrl＋N 组合键），如图 5-16 所示；随即会弹出"新建序列"对话框，如图 5-17 所示。

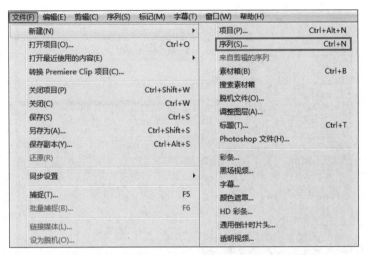

图 5-16　执行"文件"→"新建"→"序列"命令

图 5-17　"新建序列"对话框

从图 5-17 中可以看到,"新建序列"对话框中包含"序列预设"、"设置"和"轨道"3 个选项卡,具体介绍如下。

1)序列预设

"序列预设"选项卡能简化设置序列的步骤,其中包含了大量预设配置选项,运营者可以根据自身的需求来选择合适的序列。例如想做一个在 iPod 上展示的视频,就可以采用"iPod、QVGA、Sub-QCIF"预设配置选项。"iPod、QVGA、Sub-QCIF"预设配置选项如图 5-18 所示。

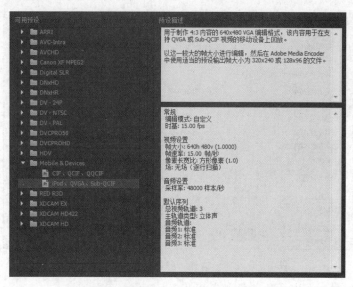

图 5-18　"iPod、QVGA、Sub-QCIF"预设配置选项

2)设置

当"序列预设"选项卡中没有我们想要的预设配置选项时,可以在"设置"选项卡中设置自定义序列。"设置"选项卡如图 5-19 所示。

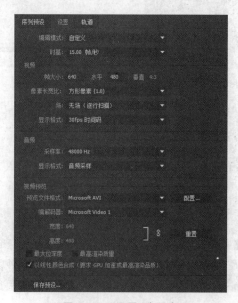

图 5-19　"设置"选项卡

在设置时,大多数短视频制作者会优先选择将视频的长宽比设定为 9∶16。

3) 轨道

"轨道"选项卡可以设置时间轴中的轨道,例如设置轨道的数量。"轨道"选项卡如图 5-20 所示。

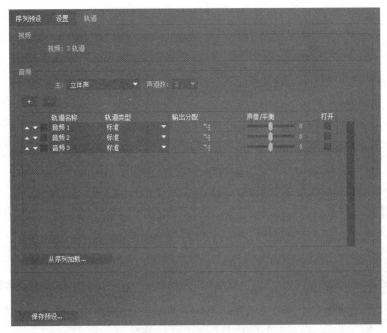

图 5-20　"轨道"选项卡

在图 5-20 中,运营者可以通过"视频:3 轨道"和"声道数:2"中的数字来调整序列中视频和音频的轨道数。

关于序列的设置没有既定的标准,运营者需要根据自身的需求进行设置。

多学一招:通过素材建立序列

运营者可以将现有的素材拖入轨道以建立序列,如果 Premiere Pro 中还没有序列,将素材直接拖入轨道区域即可。拖入过程如图 5-21 所示。

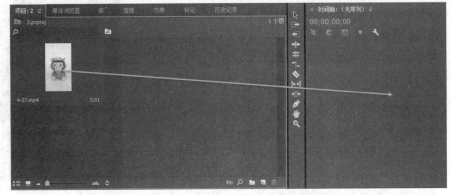

图 5-21　拖入过程

　　如果 Premiere Pro 中已建立空白序列，则需要将素材拖入视频轨道区域，随后会弹出"剪辑不匹配警告"提示框，需要运营者单击"更改序列设置"按钮，"剪辑不匹配警告"提示框如图 5-22 所示。如果选择的是"保持现有设置"，可能会出现序列与素材不匹配的问题。

图 5-22　"剪辑不匹配警告"提示框

2. 导入素材

　　使用 Premiere Pro 进行视频剪辑时，主要是对已有的素材进行剪辑，所以在剪辑之前，首先要把素材导入软件中。Premiere Pro 支持的视频、音频以及图像格式较为广泛，表 5-1 所示为 Premiere Pro 所支持的视频、音频及图像格式。

表 5-1　Premiere Pro 所支持的视频、音频及图像格式

支持的视频格式	支持的音频格式	支持的图像格式
AVI、MP4、MOV、WMV、3GP	MP3、WAV、WMA	JPEG、AI、PSD、GIF、PNG、TIFF

　　在实际工作中，通常会在"项目"面板导入素材，方法是在"项目"面板的空白处双击，弹出"导入"对话框，在对话框中选择并打开要导入的素材，或直接将素材文件拖至"项目"面板后释放鼠标即可。

　　然后，运营者需要将素材导入轨道。在"项目"面板中，选中需要编辑的素材，按住鼠标左键不放，将它拖至相应的轨道上，当光标变成 时，松开鼠标即可，此时"节目监视器"中会显示第一帧的图像。值得注意的是，视频及图像素材只能放在视频轨道中，音频素材只能放在音频轨道中。

　　轨道控制区中有一个用于定义轨道的按钮，当选中"项目"面板中的素材时，会看到"定义轨道"按钮显示在"轨道控制区"的最前方，"定义轨道"按钮如图 5-23 所示。

　　在图 5-23 的方框中，V1 代表视频或图像，A1 代表音频。在 Premiere Pro 中，当选中视频素材时，默认同时显示 V1 和 A1；选中音频素材时，默认只显示 A1；选中图像素材时，则只显示 V1。若只想将视频素材中的视频添加至轨道，那么只选中 V1，音频就不会被添加至轨道；同理，若只想将视频素材中的音频添加至轨道，那么只选中 A1 即可。

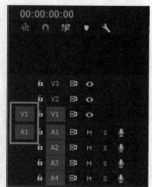

图 5-23　"定义轨道"按钮

3. 常用工具

　　Premiere Pro 向运营者提供了诸多的工具，最常用的是工

具栏中的选择工具和剃刀工具。

1）选择工具

使用"选择工具"  可以选择、移动素材，是剪辑视频时的重要工具。使用"选择工具"时既可以选中编辑点也可以选中素材。选中素材时，有一些实用的小技巧，具体介绍如下。

（1）单选：选择"选择工具"后，将鼠标放置在素材上单击即可选中该素材，此时选中的素材会高亮显示，选中与未选中的区别如图 5-24 所示。

（2）部分选择：选择"选择工具"后，按住 Shift 键的同时单击素材，可同时选中多个素材，如图 5-25 所示。除此之外，还可以通过框选来选中多个素材，如图 5-26 所示。

图 5-24　选中与未选中的区别

图 5-25　选中多个素材

（3）全选：按 Ctrl＋A 组合键可进行全选，若想取消全选，在空白轨道处单击鼠标即可。

（4）同时选中多个视频、音频轨道中的素材：选择"选择工具"后，按住 Alt＋Shift 组合键，在视频、音频轨道中单击即可选中，同时选择效果如图 5-27 所示。

图 5-26　框选素材

图 5-27　同时选择效果

2）剃刀工具

剃刀工具用于分割视频或音频，选择"剃刀工具" （或按下 C 键）在素材的任一区域单击，即可出现一条黑线，分割开两个素材。例如在图 5-28 所示的练习素材中，使用剃刀工具在第 14 帧位置单击，即可得到图 5-29 所示的分割结果。

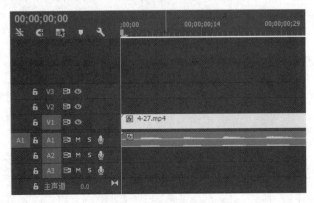

图 5-28　练习素材

在图 5-29 中，切割的仅是视频素材，而未切割独立的音频素材，因此可以看到视频素材分成了两个部分，而音频素材依旧是一个整体。

图 5-29　分割结果

使用"剃刀工具"时有几个小技巧,具体介绍如下。

(1) 执行"序列"→"添加编辑"命令(或按 Ctrl＋K 组合键),可直接在时间滑块所在的位置添加编辑点。

(2) 若需要在多个轨道的同一个位置添加编辑点,则执行"序列"→"添加编辑到所有轨道"命令(或按 Ctrl＋Shift＋K 组合键)即可,或在使用"剃刀工具"时,按住 Shift 键的同时在素材上单击,也可达到同样的效果。

(3) 若想删除编辑点,执行"序列"→"修剪编辑"命令(或按 T 键),即可选中编辑点,选中编辑点后,按 Ctrl＋→键可向后移动编辑点的位置,按 Ctrl＋←键可向前移动编辑点的位置,按 Delete 键可清除编辑点。

(4) 按↑键可快速跳转到上一编辑点,按↓键可快速跳转至下一编辑点。

4. 取消素材链接

在轨道上选中素材之后,执行"剪辑"→"取消链接"命令(或按 Ctrl＋L 组合键),即可分离素材的视频和音频部分。或者选中素材之后,右击,在弹出的菜单中执行"取消链接"命令,即可分离素材的视频部分和音频部分,取消链接后的视频、音频可以单独选择。

5. 调节播放速率

对素材的播放速率进行更改,可以使素材产生快速或慢速播放的效果,修改视频、音频素材的播放速率的方法有两种,具体介绍如下。

(1) 通过"比率拉伸工具"修改。

选择"比率拉伸工具" ◻◻ (或按 R 键),将光标放置在素材的开始或结尾处,按住鼠标拖曳,即可对素材进行拉伸,使用"比率拉伸工具"效果如图 5-30 所示。

在图 5-30 中,将素材总长度缩短时,速度变快;总长度拉长时,速度变慢。

(2) 通过"剪辑速度/持续时间"对话框修改。

执行"剪辑"→"速度/持续时间"命令(或按 Ctrl＋R 组合键)即可弹出"剪辑速度/持续时间"对话框,如图 5-31 所示。

在对话框中设置速度即可,默认值为 100%,即正常播放,输入的数值高于 100%是快速播放,低于 100%是慢速播放。还可以通过持续时间来设置素材的播放速率,以匹配其他素材。

图 5-30 使用"比率拉伸工具"效果　　图 5-31 "剪辑速度/持续时间"对话框

6. 移动或删除素材

在编辑素材时，往往需要调整素材的时间位置，并删去一些不需要的素材，因此运营者需要了解移动或删除素材的方法，下面进行介绍。

1）移动素材

选中素材后，按住鼠标左键的同时，拖曳鼠标可以移动素材，当光标变成 后将素材拖曳至指定位置，然后松开鼠标即可。

2）删除素材

删除素材的方法有两种，具体介绍如下。

（1）选中素材后，执行"编辑"→"清除"命令（或按 Backspace/Delete 键），即可将选中的素材删除。

（2）选中素材后，右击，在弹出的菜单中选择"清除"命令，也可将素材删除。

7. 设置素材运动效果

当选中一个素材后，Premiere Pro 会在"效果控件"面板中提供"视频效果"功能，其中最为常用的是"运动"，如图 5-32 所示。

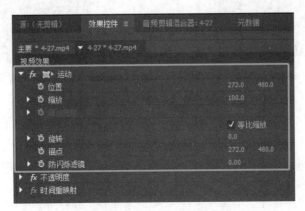

图 5-32 "运动"效果

在图 5-32 中，常用的效果是"位置""缩放"和"旋转"3 个参数，下面分别进行介绍。

1）"位置"

"位置"参数用于调整素材在画面中的位置。从图 5-32 中可以看到，"位置"有左右两项参数，左边的参数用于调整素材的横向位置，数值减小时素材会向左移，数值变大时素材会向右移。而右边的参数用于调整素材的纵向位置，数值减小时素材会向上移，数值变大时素材会向下移。

2）"缩放"

"缩放"参数用于调整素材的大小，这里的数值是百分比数值，即数值 100 指的是素材大小按照 100％显示。该数值减小时素材会缩小，数值变大时素材会放大，图 5-33 和图 5-34 分别展示的是"缩放"参数为 50 和 200 时的画面。

3）"旋转"

"旋转"参数用于使素材变更角度，这里的数值是角度数值，即数值 100 指的是素材向右旋转 100°。该数值减小时，素材会逆时针旋转；数值变大时，素材会顺时针旋转。图 5-35 展示的是"旋转"参数为 100 时的画面。

图 5-33　"缩放"参数为 50 时的画面

图 5-34　"缩放"参数为 200 时的画面

图 5-35　"旋转"参数为 100 时的画面

8. 添加字幕

字幕是短视频中很常见的一种元素，具体是指以文字形式显示短视频中的对话等非影像内容的文字。有文字对话或者内容需要文字说明的短视频往往需要添加字幕，而添加字幕的位置往往是短视频的下方，图 5-36 展示的是某短视频的字幕。

在 Premiere Pro 中制作字幕时，运营者需要在菜单栏中选择"字幕"→"新建字幕"命令，在其中选择自己所需的字幕类型，"字幕"菜单栏如图 5-37 所示。

图 5-36　某短视频的字幕

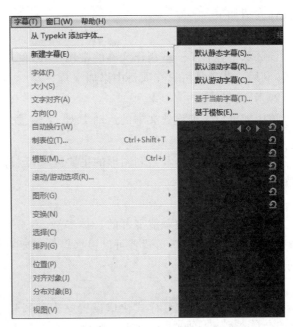

图 5-37　"字幕"菜单栏

　　从图 5-37 中可以看到，新建字幕包含"默认静态字幕""默认滚动字幕"和"默认游动字幕"3 类，通常使用的是"默认静态字幕"。选择"默认静态字幕"并完成视频设置后，会弹出如图 5-38 所示的字幕设置对话框。

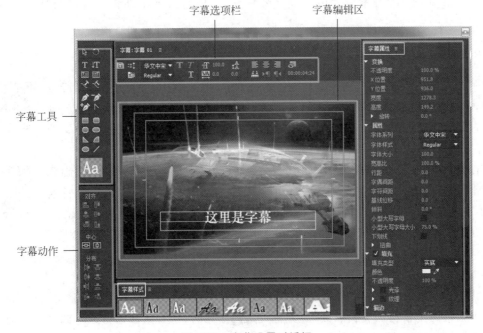

图 5-38　字幕设置对话框

　　图 5-38 中，字幕工具、字幕选项栏、字幕编辑区、字幕属性、字幕样式、字幕动作等区域

的具体介绍如下。

1）字幕工具

该区域中包含了一些制作文本的常用工具，例如旋转工具、垂直文字工具、路径文字工具等，利用这些工具可以在项目中添加字幕。

2）字幕选项栏

该区域可以快速设置文本的运动类型、字体、加粗、斜体等参数。

3）字幕编辑区

该区域是创建字幕和绘制图形的主要区域，运营者需要在此区域中输入自己想要添加的字幕。

4）字幕属性

该区域可以详细地调整字幕的具体参数，共分为 6 部分，分别是"变换""属性""填充""描边""阴影"和"背景"，运营者可以根据自身需要来调整字幕的属性，使其能满足短视频的需求。

5）字幕样式

运营者可以通过字幕样式快速设置文本的风格。在编辑区创建文本后，单击"字幕样式"中的任意效果，即可改变文本的风格。

6）字幕动作

该区域可以快速排列或分布文本，分为"对齐""中心"和"分布"3 组动作类型，运营者可以借此快速调整字幕的位置。

在字幕制作过程中，运营者需要在字幕设置对话框中添加字幕和设置字幕属性、位置，然后 Premiere Pro 会在素材库中生成字幕素材，需要运营者手动将字幕素材拖入视频轨道中。

9. 添加转场特效

一个完整的视频往往会传达一个完整的故事，但故事中会有不同的片段及场景，当片段与片段或场景与场景之间进行过渡或转换时，这个过渡或转换的动作或过程就被称作转场。未添加转场特效的视频（添加前视频）和添加"交叉溶解"特效后的视频（添加后视频）可扫描右侧的二维码观看。

添加前

在"添加前视频"中，第一个画面与第二个画面之间没有添加转场特效，因此过渡十分生硬，在一瞬间完成了转场。而"添加后视频"中，添加"交叉溶解"特效后，第一个画面与第二个画面之间的过渡就有了一个渐变效果，不再那么生硬。

添加后

在 Premiere Pro 中有很多自带的转场特效，包括"3D 运动""划像""擦除""溶解""滑动""缩放""页面剥落"等，其位置在"效果"面板的"视频过渡"文件夹中，Premiere Pro 的转场特效如图 5-39 所示。

转场特效的添加方法十分简单，在"效果"面板中选中一个转场效果，按住鼠标左键，将它拖曳至轨道上素材的编辑点处，当光标变成■样式时，松开鼠标即可成功添加，在不同的位置添加，图标显示样式不同，结果也不同。图标显示样式案例如图 5-40 所示。

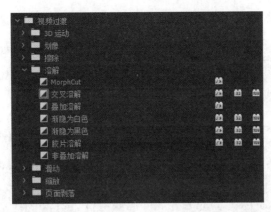

图 5-39　Premiere Pro 的转场特效

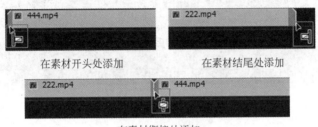

图 5-40　图标显示样式案例

10. 添加马赛克特效

在编辑实拍的短视频时，可能画面中会存在一些涉嫌违规的内容，因此运营者就需要通过添加马赛克特效，遮挡住涉嫌违规的内容。

在 Premiere Pro 中，马赛克特效位于"效果"面板中"视频效果"文件夹的"风格化"文件夹中，运营者需要手动将该特效拖至指定的素材中。此时整个素材都会变为马赛克风格的画面，运营者需要在控制区的"效果控件"面板中，在马赛克效果区域中通过创建蒙版来调整马赛克在画面中的区域。

例如，想要为如图 5-41 所示的卡通画中的左下角的猪打上马赛克，首先需要将马赛克效果拖至轨道中的该视频素材上，得到图 5-42 展示的全图马赛克效果。

图 5-41　卡通画

图 5-42　全图马赛克效果

然后运营者需要在控制区"效果控件"面板中选择"创建 4 点多边形蒙版",如图 5-43 所示。

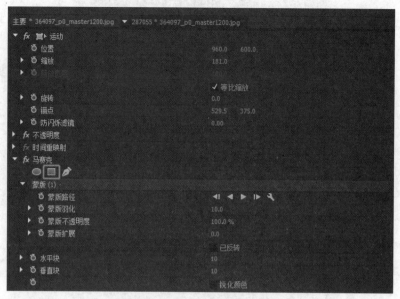

图 5-43　创建 4 点多边形蒙版

此时在节目监视器中会出现如图 5-44 所示的马赛克方块,运营者可以通过鼠标来拖动该矩形蒙版的顶点和线段,将矩形蒙版调整到合适的尺寸与位置,如图 5-45 所示。

图 5-44　马赛克方块

图 5-45　将矩形蒙版调整到合适的尺寸与位置

最后适当调整蒙版羽化数值和蒙版拓展数值,一个马赛克效果就添加完毕了,最终效果如图 5-46 所示。

图 5-46　最终效果

11. 导出视频

在 Premiere Pro 中剪辑完成视频素材后，运营者还需要进行导出视频的操作，才能获得完整的视频文件。在 Premiere Pro 中导出视频需要首先执行"文件"→"导出"→"媒体"命令（或按 Ctrl＋M 键），如图 5-47 所示。然后在"导出设置"对话框中设置导出属性，最后单击"导出"按钮将视频文件保存到计算机。"导出设置"对话框如图 5-48 所示。

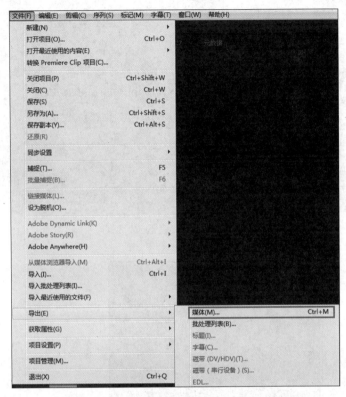

图 5-47　执行"文件"→"导出"→"媒体"命令

在"导出设置"对话框中，运营者需要根据自身情况设置导出格式，常用的视频设置区域如图 5-49 所示。

对图 5-49 中各区域的说明如下。

1）基本视频设置区域

该区域可以调整项目的宽度、高度、帧速率、场序等参数。默认情况下，每个参数均是灰色、不可更改的，若想修改某一参数，单击每个参数后面的☑即可解锁对应的参数，自行修改，如图 5-50 所示。

2）比特率设置区域

比特率也称码率，可以设置导出项目的画质、大小。比特率越高，画质越清晰，而导出的项目文件相对较大；比特率越低，画质越差，但导出的项目文件相对较小。在实际应用中，可以在播放软件里查看素材的具体信息，里面包含了比特率大小，这样在导出的时候，就可以有目标地设置比特率。

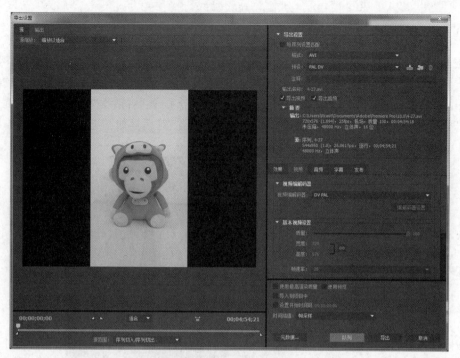

图 5-48　"导出设置"对话框

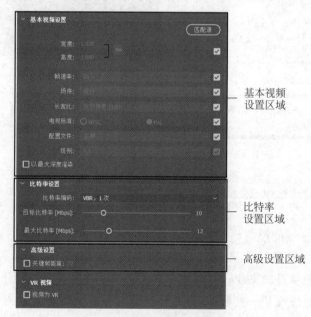

图 5-49　常用的视频设置区域

图 5-50　解锁参数

在比特率设置区域，可以选择"比特率编码"，单击"比特率编码"下拉菜单能看到有 3 种编码，分别是 CBR、VBR，1 次和 VBR，2 次，比特率编码如图 5-51 所示。

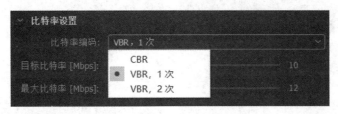

图 5-51　比特率编码

常用的比特率编码是 VBR，这是因为 CBR 为恒定的比特率编码，而 VBR 是可变的比特率编码，当项目中包含较为复杂的画面及效果时，比特率可适当调高，以提高画质。VBR 分为"VBR，1 次"和"VBR，2 次"，其中最常用的是"VBR，1 次"，虽然"VBR，2 次"会比"VBR，1 次"更加清晰，但是相对的，其耗时会更长，文件会更大，且清晰度差异并不明显。

3）高级设置区域

该区域用于设置导出后的文件的关键帧距离，如图 5-52 所示。

图 5-52　高级设置

在看视频的时候，经常会快进或者后退，此时前进或后退并不是一帧一帧地进或退，而是一段一段地进或退，这时就会对关键帧距离进行设置。但一般情况下，此处的设置项采用默认参数即可，不用修改。

5.2　短视频的优化

在剪辑完成短视频后，运营者还可以对短视频进行各类优化，使短视频更加得到用户的青睐。一般来说，运营者可以通过视频处理工具优化短视频，也可以通过短视频 App 优化短视频，而在短视频 App 中优化短视频相对简单，操作也相对便捷。通过短视频 App 优化短视频的常见手段包括添加滤镜、添加背景音乐、添加特效、添加贴图等，本节将讲解滤镜、背景音乐、特效和贴图这 4 方面的优化知识。

1. 滤镜

大多数短视频平台和短视频制作工具都可以给视频添加滤镜。滤镜是指用来实现图像的各种特殊效果。滤镜，通俗来说就是叠加在画面上，用于调整画面色彩的透明卡片，图 5-53 展示的是添加滤镜前后的画面对比，可扫描图 5-53 右侧的二维码观看彩色版图片。

在图 5-53 中可以看到，加了滤镜后的画面颜色更加偏向蓝色。在不同短视频平台和短视频制作工具中有不同的滤镜样式，例如在抖音中，有人像、风景、美食和新锐 4 类滤镜，运营者可以根据实际情况自行选择适合的滤镜。抖音中的滤镜如图 5-54 所示。

而在滤镜设置界面中，运营者可以根据自己的需要调整滤镜的程度数字，调整滤镜程度数字的界面如图 5-55 所示。

从图 5-55 中可以看出，该视频选择了"仲夏"滤镜，程度数字为 2，运营者可以拖动框内的圆点来调整程度数字。

(a) 添加"海棠"滤镜前　　　　　　　(b) 添加"海棠"滤镜后

图 5-53　添加滤镜前后的画面对比

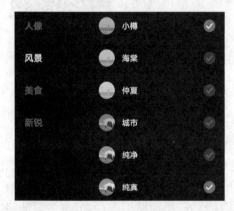

图 5-54　抖音中的滤镜

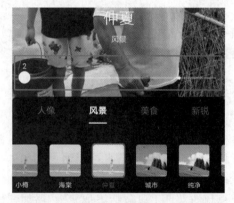

图 5-55　调整滤镜程度数字的界面

2.背景音乐

因为背景音乐的英文名为 background music,所以很多时候会简称为 BGM。背景音乐在短视频领域通常是指在短视频中用于调节、烘托气氛的一种音乐,插入对话之中或贯穿于整个短视频,能够增强情感的表达。

在短视频 App 中添加背景音乐时,运营者可以从以下两个角度进行思考。

(1) 大多数短视频平台中都可以查看到热门音乐,这些热门音乐往往自带流量,能为短视频带来更多的曝光量,运营者可以将这些音乐作为短视频的背景音乐。图 5-56 展示的是抖音中的"抖音音乐榜"。

(2) 不同的短视频有不同的风格,运营者可以根据短视频的风格来选择背景音乐,例如古装扮演类的短视频可以采用古风歌曲作为背景音乐,照片切换类型的短视频可以采用节奏性强的音乐作为背景音乐。

图 5-56　抖音中的"抖音音乐榜"

3. 特效

特效是指在短视频中添加的人工制造出来的光影、动作等视觉效果。例如在抖音中，特效包含了梦幻、自然、动感、材质、转场、分屏、装饰等，运营者可以在编辑界面中，为任意短视频片段添加特效。

例如对于图 5-57 所示的故宫视频画面，在抖音中添加"梦幻"中的"黑白电影"特效后的成品视频画面如图 5-58 所示，完整视频可扫描图 5-57 和图 5-58 右侧的二维码观看。

图 5-57　未添加特效的故宫视频画面

在抖音中，添加特效的编辑页面如图 5-59 所示。

在图 5-59 中，运营者只需要按住所要添加的特效，就可以为短视频添加特效。例如想要给该短视频添加"流星雨"特效，只需要在指定的范围内持续按住框区域即可添加该特效。

图 5-58 添加特效后的成品视频画面

4. 贴图

贴图是短视频画面中的一种组件，包括视频水印、文字效果等。例如在抖音中就提供了大量的贴图供运营者使用，运营者可以根据短视频的需要，自行选择贴图进行添加。图 5-60 展示的是抖音中选择贴图的界面。

图 5-59 添加特效的编辑页面   图 5-60 抖音中选择贴图的界面

5.3 短视频的发布

在完成短视频的制作后，运营者需要将短视频发布到平台上，这样才能使用户看到这些短视频。在短视频的发布环节，在不同平台中运营者需要做的事情并不完全一致，但是整体来说，都包括设计标题、设计标签和设计封面图 3 个重点工作，本节逐一进行介绍。

5.3.1　设计标题

标题在短视频中是一个很重要的要素，用于吸引用户观看短视频。标题的好坏与否，往往会影响到短视频的播放量。下面通过标题的作用、取标题的要点和取标题过程中的注意事项 3 个角度进行介绍。

1. 标题的作用

一个好的短视频标题往往会有如下作用。

（1）引发用户讨论。

好的短视频标题往往会引起用户的讨论，从而使该短视频的评论量大幅提升。常见引发讨论的标题包括提问类、设置场景类、讲故事类等，例如某个短视频的标题是"输入 an 是我想对你说的话"，评论中就有很多人对这个标题进行了回应，提问"是不是'安'""俺?""我猜是爱你"等，引起了用户之间的讨论。

（2）获得更多曝光量。

短视频能否获得大量曝光，往往与平台的算法密切相关，而标题中的关键词就是算法中会加入计算的一项，因此好的标题可以通过关键词引来更多的曝光量。例如某个短视频的标题是"脑洞大开的漫威片段"，其中"漫威"是一个有很高关注度的词，在算法中权重较高，因此该短视频获得了较多的曝光量。

（3）引导用户动作。

短视频能否成为爆款和其发布之初的数据有关，运营者往往会在标题中加入引导用户完成某些动作的内容，从而提高某项数据，因此一个好的短视频标题往往有引导用户进行某些动作的作用。例如某个短视频的标题中包含"最后结局你绝对想不到"，就能吸引很多用户去看结局，从而引导用户完成"看完整个短视频"的动作。

2. 取标题的要点

在取标题的时候，除了标题应该要贴合短视频内容外，运营者还需要结合以下 3 个要点，以提高标题的吸引力。

（1）标题符合用户属性。

在优秀的短视频标题中，往往都有符合该账号用户属性的词语。运营者可以根据用户画像中的标签，来匹配对应的标题内容，例如对于宝妈这一类的用户，可以在标题中加入"你的宝宝"；对于学生群体，则可以使用"开学""班花"等具有明显校园气息的词。

（2）标题切中用户需求。

标题能切中用户需求是最直接吸引用户观看的手段。例如对于想减肥的用户群体，在标题中添加"好吃、有效的代餐"的话术；对于想要考公务员的用户群体，在标题中添加"考公须知"的话术。运营者要通过研究用户喜好、进行用户调研等方式获取用户的需求，从而使标题能更好地切中用户需求。

（3）标题能够引起用户情感共鸣。

标题如果能引起用户情感共鸣，能让用户感同身受，用户往往会为这个短视频点赞和转发,因此运营者要尽可能让短视频的标题能够引起用户的情感共鸣。这就要求运营者去深入调查自己用户的情感喜好,例如用户以女性为主且容易被感动,运营者就可以多选择感人肺腑的标题。

3. 取标题过程中的注意事项

在取标题的过程中,运营者还需要注意以下几点。

(1) 多用短句。

短的句子往往比长的句子更容易让人理解,能让用户在更短的时间内理解这句话的含义,避免用户因为无法在短时间内理解标题含义而放弃阅读标题。例如"报纸是以刊载新闻和时事评论为主的定期向公众发行的印刷出版物或电子类出版物。"就是一个典型的长句,需要花较多时间阅读和理解,而如果拆解为"报纸一般是印刷出版物或电子类出版物,以刊载新闻和时事评论为主,会定期向公众发行",就能让用户快速理解。

(2) 文字口语化。

由于短视频平台用户的覆盖面较广,为了迎合更多的用户,运营者往往需要将标题写得口语化、通俗易懂,便于更多的用户进行理解。例如"学习 XX 的价值是什么"是书面化的语言,改为口语化语言"我们为什么要学 XX"后会更加通俗易懂。

(3) 标题字数适中。

虽然不同的短视频平台有不同的最佳标题字数,但是整体来看 10～35 字是最佳的。这就要求运营者能够将长句子缩减为短语,例如"今天向大家推荐的是全国知名的 XXX 公司最新推出的 A 产品,这款产品价廉物美,十分适合大家购买"可以缩减为"今日好物推荐:XXX 公司新品 A"。

(4) 数字要用阿拉伯数字格式。

大脑在阅读的时候,往往会自动弱化同质化的信息,优先识别不同的信息,例如在一大堆文字中出现的阿拉伯数字。因此在取标题的时候,采用阿拉伯数字的效果往往比中文数字的效果更好。

5.3.2　设计标签

大多数短视频平台,都会通过运营者为短视频添加的标签来为短视频进行分类,推送给不同的用户,例如抖音中的标签如图 5-61 所示。

在图 5-61 中,"♯物理""♯实验""♯老师"就是标签。运营者需要重视标签,这是为短视频带来流量的一个重要渠道。在添加标签的时候,运营者需要重点考虑以下 3 个角度。

1. 标签贴合短视频本身

标签一定要和短视频本身贴合,如果标签和短视频关系不密切,就很有可能会被短视频平台降权,使其曝光量降低。例如某个短视频内容是制作"软

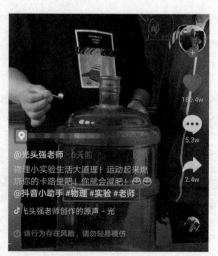

图 5-61　抖音中的标签

炸虾球"，标签却是"羊肉米线"，就是典型的标签不贴合短视频本身的案例。

2.标签精准化

运营者在选择标签时要尽可能精准，尽量减少使用太过于宽泛的词。例如家居领域的短视频采用"服务业"关键词就过于宽泛，可以细分到"装修"。

3.标签尽可能贴合热点

短视频的标签在一定程度上类似于微博的"话题"，热点发生时往往都伴随着几个标签，这些标签就会携带大量的曝光度，使用这些标签的短视频往往就会有更高的播放量。

5.3.3　设计封面图

在抖音、快手等平台中，很多优质的短视频都有很吸引人的封面图，这些封面图往往有足够的吸引力且能让用户在第一时间了解该短视频的主题。运营者在设计封面图时，可以考虑采用以下设计思路。

1.选用短视频中优美的画面

运营者可以在短视频中选择一帧较清晰、较优美的画面作为封面图，尤其是短视频内容为"帅哥靓女"的短视频账号，十分适合采用视频中优美的画面作为封面图。例如图 5-62 展示的是一个以"女性"内容为主的短视频账号，其封面图大多采用短视频中的优美画面。

图 5-62　一个以"女性"内容为主的短视频账号的部分封面图

2.突出短视频的主题

运营者可以采用图文结合的形式，采用在封面图中突出主题的设计思路，突出短视频主题的封面图案，如图 5-63 所示。

在图 5-63 中，该账号是一个唱歌类的短视频账号，运营者将每个短视频所唱的歌名都写在了封面图中央，突出了该短视频的主题，如"星空剪影"表示的是该短视频演唱的是"星空剪影"这首歌。

图 5-63　突出短视频主题的封面图案例

3. 采用吸引人的文字

运营者可以采用纯黑色作为封面图背景,在上面加上吸引人的文字,这样可以让用户第一眼就注意到文字,然后被文字所吸引,从而观看视频。纯文字封面图案例如图 5-64 所示。

图 5-64　纯文字封面图案例

4. 采用拼图式的封面图

对于一些抖音平台上系列选题的短视频,运营者可以采用拼图式的封面图,突显出这些短视频都属于同一个系列,采用拼图式的封面图案例如图 5-65 所示。

图 5-65　采用拼图式的封面图案例

在图 5-65 中,该账号是一个电影解说类的短视频账号,每一部电影分 3 个短视频进行解说,采用拼图式封面图后,能让用户清晰地看到这 3 个短视频是一个系列的。

5.4　案例：丸子剪辑、优化和发布卡点视频

为了增加短视频的创意性,丸子打算利用 Premiere Pro 制作一个卡点视频(音乐与画面节奏相匹配的视频),具体步骤如下。

5.4.1　剪辑视频

STEP 1　在计算机桌面上双击 Premiere Pro 图标,打开该软件。

STEP 2　在弹出的开始对话框中单击"新建项目"按钮,如图 5-66 所示。

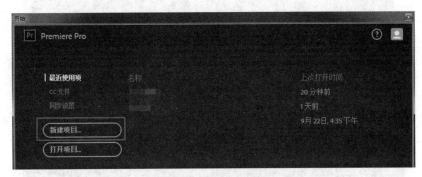

图 5-66　开始对话框

STEP 3　在弹出的新建项目对话框中输入项目名称,然后单击"确定"按钮,如图 5-67 所示。

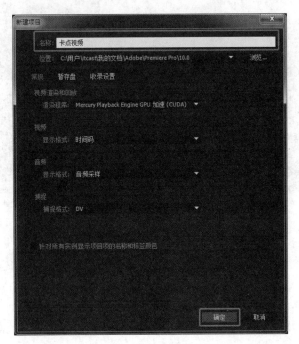

图 5-67　新建项目对话框

STEP 4　进入 Premiere Pro 的主界面之后,双击素材库"项目"面板区域,导入视频素材,如图 5-68 所示。

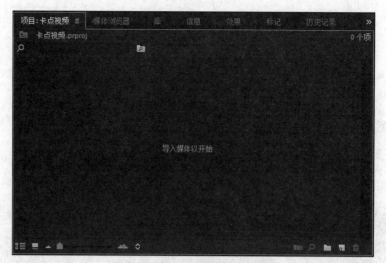

图 5-68　素材库"项目"面板区域

STEP 5　将需要用到的视频与音频文件导入素材库,导入完成后的素材库"项目"面板区域如图 5-69 所示。

图 5-69　导入完成后的素材库"项目"面板区域

STEP 6　将素材 8.mp4 拖入轨道,生成序列 8,如图 5-70 所示。

STEP 7　在轨道上选中素材 8.mp4 之后,执行"剪辑"→"取消链接"命令,如图 5-71 所示。

STEP 8　按 Delete 键删除素材 8.mp4 的音频。

STEP 9　执行"序列"→"添加轨道"命令,在弹出的"添加轨道"对话框中根据需要添加 7 个视频轨道,如图 5-72 所示。

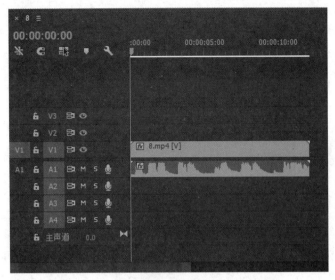

图 5-70 序列 8

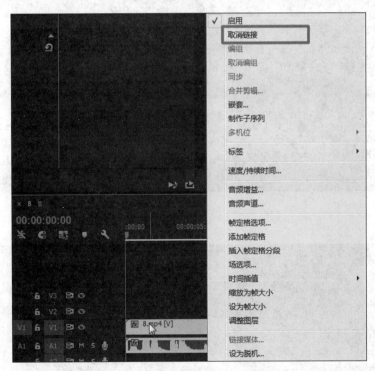

图 5-71 执行"剪辑"→"取消链接"命令

STEP 10 将其余素材拖入不同轨道,并在取消音视频链接后删除音频,素材排布如图 5-73 所示。

STEP 11 将音频素材"音乐.mp3"拖入音频轨道,拖入音频素材后的序列如图 5-74 所示。

STEP 12 根据音频素材,制作出表 5-2 所示的卡点时间表。

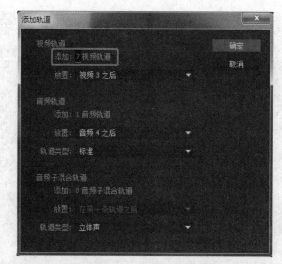

图 5-72　"添加轨道"对话框

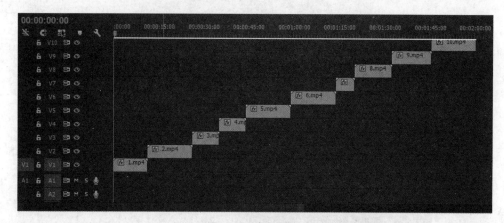

图 5-73　素材排布

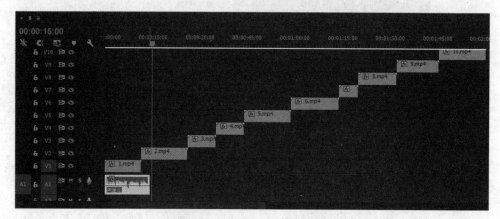

图 5-74　拖入音频素材后的序列

表 5-2　卡点时间表

卡 点 序 号	卡 点 时 间
1	00:00:02:02
2	00:00:03:14
3	00:00:04:24
4	00:00:05:24
5	00:00:07:05
6	00:00:09:01
7	00:00:10:25
8	00:00:12:08
9	00:00:13:05

STEP 13　结合音乐，根据自己的判断调整素材 1.mp4 至素材 10.mp4 的顺序。

STEP 14　通过"缩放"和"位置"运动效果，调整素材 1.mp4 至素材 10.mp4 的画面，图 5-75 展示的是素材 2.mp4 调整前和调整后的画面。

调整前　　　　　　　　　　　　　调整后

图 5-75　素材 2.mp4 在节目监视器中展示的画面

STEP 15　通过剃刀工具裁剪素材 1.mp4 至素材 10.mp4 的时长，使其符合表 5-2 中的卡点时间，视频剪辑工作完成。裁剪后的序列如图 5-76 所示。

STEP 16　在菜单栏中单击"文件"按钮，执行"导出"→"媒体"命令，显示如图 5-77 所示的"导出设置"对话框，并选择 H.264 格式及编辑文件名称。

STEP 17　其余参数采用默认设置，单击"导出"按钮。

至此，卡点视频制作完成，最终效果可以扫描右侧的二维码观看。

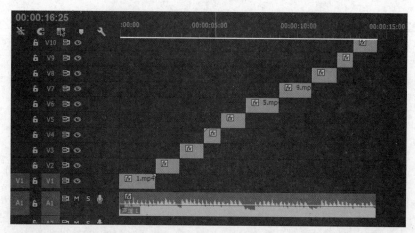

图 5-76　裁剪后的序列

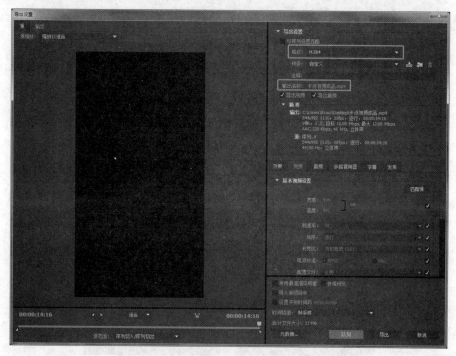

图 5-77　"导出设置"对话框

5.4.2　优化视频

STEP 1　丸子打开抖音,点击如图 5-78 所示的"＋"按钮,进入短视频拍摄界面。

图 5-78　点击"＋"按钮

STEP 2　由于已经有现成的视频素材,无须进行拍摄,因此点击短视频拍摄界面右下角的"相册"按钮，"相册"位置如图 5-79 所示。

STEP 3　　选择要进行优化的视频，并点击"下一步"按钮，如图 5-80 所示。

图 5-79　"相册"位置　　　　　图 5-80　选择要进行优化的视频，并点击"下一步"按钮

STEP 4　　进入视频内容长度调整界面后，由于无须调整，直接点击"下一步"按钮。单击"下一步"按钮如图 5-81 所示。

STEP 5　　进入优化界面后，丸子首先想要添加一个滤镜，于是点击"滤镜"按钮，"滤镜"按钮位置如图 5-82 所示。

图 5-81　单击"下一步"按钮　　　　　图 5-82　"滤镜"按钮位置

STEP 6　在添加滤镜的界面,丸子选择了"风景"中的"纯净"滤镜,将滤镜程度数字调整为 80,添加滤镜界面如图 5-83 所示。

STEP 7　此外,丸子还想添加一些画面特效,于是点击"特效"按钮,"特效"按钮位置如图 5-84 所示。

图 5-83　添加滤镜界面　　　　　　　图 5-84　"特效"按钮位置

STEP 8　丸子选择了"梦幻"中的"彩虹"特效,持续按住"彩虹"特效按钮,使该特效覆盖整个短视频,"彩虹"特效覆盖整个短视频的界面如图 5-85 所示。

STEP 9　点击"下一步"按钮完成优化视频的工作,完成优化后的短视频如图 5-86 所示。

图 5-85　"彩虹"特效覆盖整个短视频的界面　　　图 5-86　完成优化后的短视频

5.4.3　发布视频

STEP 1　点击图 5-86 中的"下一步"按钮，就会进入发布设置界面，发布设置界面如图 5-87 所示。

STEP 2　丸子根据用户的属性、喜好和需求，将标题设计为"神农架大九湖，这里高山平原，人间仙境，据说这里可媲美四川九寨沟"，填入标题如图 5-88 所示。

图 5-87　发布设置界面

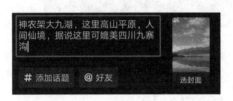

图 5-88　填入标题

STEP 3　丸子根据地点和视频类型，选择了"＃旅行"和"＃神农架"，"添加话题"的按钮如图 5-89 所示，添加话题后的标题如图 5-90 所示。

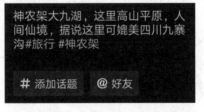

神农架大九湖，这里高山平原，人间仙境，据说这里可媲美四川九寨沟#旅行 #神农架

图 5-89　"添加话题"的按钮

图 5-90　添加话题后的标题

STEP 4　点击界面右上角的"选封面"按钮，进入选择封面的界面，"选封面"按钮如图 5-91 所示。

STEP 5　丸子在选择封面的界面中选择了自己觉得好看的封面图，然后点击"保存"按钮，选择封面的界面如图 5-92 所示。

STEP 6　回到发布设置界面，点击"发布"按钮完成短视频的发布，"发布"按钮位置如图 5-93 所示。至此短视频发布工作完成。

图 5-91　"选封面"按钮

图 5-92　选择封面的界面

图 5-93　"发布"按钮位置

5.5　本章小结

本章主要讲解了如何制作和发布短视频，重点介绍了通过 Premiere Pro 剪辑短视频、对短视频进行优化和发布短视频的相关知识。

学习本章后，希望读者能够独立制作短视频，并能独立进行短视频的发布工作。

5.6　课后作业

1. 项目背景

你是一位影视爱好者，平时观看了大量影视作品，很想给他人分享一些影视作品中的经典片段。

2. 工作任务

你打算通过抖音发布一些精心剪辑的作品，分享一些文艺作品。但是在此之前，你需要通过 Premiere Pro 做出一个成品短视频。结合之前对抖音平台的调查，你对该短视频有以下计划：

- 视频需要有片头，用于介绍视频内容；
- 视频除文艺作品的相关声音之外，还需要添加额外的 BGM；

- 视频不少于 30s；
- 视频中的文艺作品片段不能违法违规。

3. 任务提示

大家可以扫描右侧的二维码获取剪辑作品案例。

第 6 章

思政案例

用户运营：打造"百万级"账号的秘诀

【学习目标】

- 掌握数据优化法，通过提高短视频数据以达到账号涨粉的目的。
- 了解算法优化法，能够通过研究平台算法实现短视频涨粉。
- 熟悉精准引流法，能够使账号快速获得用户关注并实现涨粉。
- 熟悉互动留粉法，能够利用短视频平台的评论和私信功能留存粉丝。
- 掌握私域流量留粉法，可以通过搭建社群来进一步提高粉丝黏性。

运营者如果想要打造一个真正的"百万级"短视频账号，仅仅依靠制作并发布短视频是远远不够的。运营者还需要通过一定的用户运营方法来使更多的用户关注自己的短视频账号，使短视频账号快速涨粉，以及加强用户与账号的关联性，提高用户价值。本章从短视频的涨粉方法和短视频的留粉方法两方面对短视频的用户运营工作进行讲解。

6.1 短视频的涨粉方法

运营者学会制作和发布短视频之后，就可以开始利用各种涨粉方法来使短视频被更多的用户观看，将短视频打造为爆款，进而快速吸引用户关注账号。短视频的涨粉方法主要包括数据优化法、算法优化法和精准引流法，本节对这 3 种方法进行详细讲解。

6.1.1 数据优化法

在短视频平台上，单个短视频的完播量、点赞量、评论量和转发量，这 4 个关键数据会影响短视频平台是否向用户推荐该短视频。通过优化这 4 个短视频数据，运营者可以使短视频增加曝光量，进而被平台推荐给更多用户，从而实现涨粉的目的。下面为运营者介绍这 4 个数据的优化技巧，具体介绍如下。

1. 短视频完播量的优化技巧

完播量是指某一个短视频被用户完整观看的数量，这是判断用户是否喜欢某一个短视频的基本标准，因此运营者要做的就是让用户完整地观看短视频。视频完播量的优化技巧包括开头点明主题和短视频内容完整。

1) 开头点明主题

因为短视频的总时长很短，一般不会超过 10min。所以，大部分用户判断对某一个短视频是否感兴趣的主要因素就是视频开头对他们的吸引力。运营者可以在短视频开头告诉用户短视频的主题，吸引用户完整观看短视频。

一般情况下，短视频主要通过文字或者语言在开头点明主题，但是具体点明主题的方式，运营者要根据自己的短视频类型和内容来设计。例如"北京京北旅行测评师"的某个短视频开头画面如图 6-1 所示。

在图 6-1 中，大家可以看到短视频中的文字，例如"北京昌平玩水好去处""免费""玩水""露营"等。这些文字点明了该短视频的主题，从而吸引用户完整观看短视频。

除了文字介绍外，运营者还可以在短视频的开头通过语言来进行介绍，例如抖音账号"多余和毛毛姐"的早期短视频，就会在短视频开头以一句开场白来介绍视频内容，例如"今天我们来讲一下……"。通过这样的开场白直接点明短视频主题，简单明了，也能有效地吸引用户完整观看短视频。

图 6-1 "北京京北旅行测评师"的某个短视频开头画面

2）短视频内容完整

每个短视频平台规定短视频的时长并不一致。但是，无论视频是长是短，运营者都要保证短视频内容的完整。这样做的目的是让用户看完短视频之后能够得到完整内容，并有所收获。例如抖音账号"毛刚爆笑"某个短视频画面如图 6-2 所示，完整视频可扫描右侧的二维码观看。

图 6-2 抖音账号"毛刚爆笑"某个短视频画面

在图 6-2 所示的短视频中,讲述了两个人捡到财物后不同的反应而产生的不同结局。该短视频有开头、有过程、有结尾,是一个内容十分完整的短视频。

运营者可以通过拖动视频下方的进度条来查看视频的总时长,"毛刚爆笑"短视频总时长为 1 分 35 秒,如图 6-3 所示。

虽然短视频的时间不长,但是能够向用户呈现完整的内容,这对于提升短视频的完播量有很大的帮助。

2. 短视频点赞量的优化技巧

运营者不仅要让用户完整观看短视频,还要让用户为短视频点赞。想要让用户为短视频点赞,运营者可以使用的技巧包括引导点赞和情感互通。

1) 引导点赞

引导点赞是在短视频的文案中,尽量引导用户完成点赞,这样有助于提升短视频的点赞量。运营者可以在短视频开头或者结尾添加引导点赞的文案,例如在短视频的结尾写到"喜欢本视频的记得点个赞哦""制作视频不易,记得点赞支持喔",也可以在短视频标题中添加引导点赞的文案。例如,抖音账号"陶画缘创意泥人"的某个短视频画面如图 6-4 所示。

图 6-3　"毛刚爆笑"短视频总时长

图 6-4　抖音账号"陶画缘创意泥人"的某个短视频画面

2) 情感互通

很多短视频都带有一定的情感,其中情感类视频尤为明显。如果短视频中表达的情绪能够让用户感同身受,用户就会很愿意去为视频点赞。例如,"憨豆阿力"的某个情感视频画面如图 6-5 所示。

图 6-5 所示的视频的内容主要是通过两个人对于理想的探讨表现了现代人对于生活的

无奈。用户在感同身受的情况下，就会为短视频点赞，使其成为爆款视频。

3. 短视频评论量的优化技巧

短视频评论数量不多的一个重要原因就是短视频的话题感较弱，用户没有想要参与互动的欲望。

运营者可以在短视频中制造话题，有效地引发用户评论。在制作短视频时，运营者可以通过文化、性别、地域、年龄等人群区别制造话题，也可以借助用户在生活中有争议的事件来制造话题。例如，抖音账号"多余和毛毛姐"的某个短视频画面如图 6-6 所示。

图 6-5　"憨豆阿力"的某个情感视频画面

图 6-6　抖音账号"多余和毛毛姐"的
某个短视频画面

图 6-6 所示的短视频的话题是"朋友借钱前和借钱后态度的巨大差别"。开始借钱的时候，苦苦哀求；最后还钱的时候，死拖着不还，这是很多人在现实生活中经常遇到的事件，这样的话题就能很好地引发用户的评论。

值得注意的是，运营者在制造话题时一定要注意话题带来的影响，短视频的话题不可以对其他人造成不良影响，也不可以涉及违规内容。

4. 短视频转发量的优化技巧

运营者可以通过提高认同感和利用关系两方面来优化视频的转发量。

1）提高认同感

认同感是指用户看完某个短视频后，对短视频内容产生共鸣。运营者可以通过在短视频内表达对于某一事物的观点，例如对于社会热点表达观点，或者对于某类人的行为表达观点等。用户在观看运营者的短视频之后，觉得对于短视频中表达的观点十分认同，用户就可能会转发该短视频,从而提升短视频的转发量。

2)利用关系

利用关系是指运营者在短视频中表现各种社会关系之间的各类事件,进而利用社会关系来提升短视频的转发量。社会关系包括情侣、闺蜜、兄弟、亲人等,而各类事件则是这些社会关系之间发生的有趣事件、悲伤事件或者其他共同经历的事件,如果用户同样经历过这些事件,那么他们就可能会将短视频转发给与自己共同经历该事件的人或者相关的人。例如,"小蛋黄omi"就是分享情侣之间趣事的抖音账号,"小蛋黄omi"账号某个短视频的画面如图6-7所示。

图6-7　"小蛋黄omi"账号某个短视频画面

图6-7所示的视频展示的内容是一对情侣之间学对方说话的趣事,如果观看该视频的用户恰好与自己的伴侣之间也发生过类似的事情,那么她/他就可能会觉得十分有趣,进而分享给自己的伴侣,产生转发行为。

运营者在实际的视频制作中可以利用这些数据优化方法来优化视频的相关数据,有效提升短视频作品的完播量、点赞量、评论量以及转发量,吸引更多的用户关注账号。

6.1.2　算法优化法

在第3章中,运营者已经了解了几个短视频平台的基本算法机制。算法其实并不复杂,从某种程度上说,它就是短视频平台的一种规则。了解并运用规则,按照规则优化自己的短视频,能够让自己轻松获得更多的用户关注。下面为运营者介绍如何利用清除重复和兴趣匹配这两种短视频平台常见的算法规则来优化自己的短视频,以达到涨粉的目的,具体介绍如下。

1. 清除重复

清除重复是指短视频平台会清除一些重复发布的短视频。重复发布的短视频主要分为两种情况:重复发布别人的短视频和重复发布自己的短视频。

1)重复发布别人的短视频

短视频平台在判断某个短视频是否重复时主要分为两种情况:第一种情况,其他运营者发布的短视频被直接拿来发布,那么这种行为就会判定为重新发布;第二种情况,相似度极高的短视频,例如两个短视频只有一小部分画面不一样,其他画面相似度极高,这样也很容易被判定为重复发布。

随着短视频行业的发展,各个短视频平台越来越注重保护原创短视频内容,如果运营者不进行原创,只"搬运"平台上的其他短视频,那么运营者的短视频就会被平台进行清除操作,导致视频无法被用户观看,进而无法有效地吸引用户关注。所以,运营者在制作短视频时要保证原创,以便于短视频账号能够更好地发展。

2）重复发布自己的短视频

重复发布自己的短视频，在短视频平台上是经常出现的现象，例如在抖音平台上，大家就可以看到不少"发第二遍会火"的视频，这些视频就是被运营者自己重复发布的。抖音平台某重复发布的视频如图 6-8 所示。可以看到这是一个展示玩具的短视频，该短视频的标题为"听说发第二遍会火，我也来试试"，说明了该短视频就是运营者重复发布的短视频，并且取得了很好的效果。

结合该算法，运营者在实际运营短视频账号的过程中要注意的是不要直接搬运其他运营者发布的视频。如果觉得其他运营者的短视频内容十分优质，那么运营者可以模仿拍摄一条原创视频。如果对自己拍摄的视频很满意，但是播放量不高，运营者可以几天之后再发布一次，以增加短视频播放量，以达到涨粉的目的。

2.兴趣匹配

用户观看短视频时，如果产生了点赞、评论、转发这些操作都会证明用户对这类视频感兴趣，那么短视频平台就会把用户的喜好记录在数据库中。当再次进入短视频平台时，平台就会向用户推送这类短视频。

例如，运营者可以点开抖音平台上美食博主"麻辣德子"的个人主页，挑选十几条视频进行完整观看，抖音账号"麻辣德子"的主页如图 6-9 所示。

图 6-8　抖音平台某重复发布的视频

图 6-9　抖音账号"麻辣德子"的主页

在图 6-9 中，当看到喜欢的视频时，运营者可以点赞、评论或者转发。重复几次类似的操作，如看完"麻辣德子"之后，再去浏览其他美食类账号。经过一段时间后，运营者就可以发现首页推荐的短视频会出现很多美食类视频，这就是兴趣匹配算法的体现。

兴趣匹配的相关算法在提升用户体验的同时，也为短视频账号涨粉提供了很大的便利。

因此,运营者要根据自己账号的用户画像来制作短视频,进而使更多的用户关注自己。例如,某运营者账号的定位是旅行类账号,用户画像是以女性为主,18～25岁,爱好是购物、旅游、追求刺激,那么运营者就可以寻找一些比较刺激的、适合年轻女性的旅游景区拍摄短视频,来吸引更多的目标用户关注。

6.1.3　精准引流法

通过数据优化法和算法优化法两种方法,运营者可以快速地获取用户的关注。运营者要注意的是用户关注数量固然重要,但更重要的是用户的质量。只有用户质量高了,这样才有利于账号的长期发展及变现。运营者在运营短视频账号的过程中可以使用精准引流法来增加高质量的粉丝。精准引流法包括打造个人 IP、评论引流、使用推广工具,具体介绍如下。

1. 打造个人 IP

在短视频领域,个人 IP 是指具有鲜明特色和专业度较高的短视频账号或者个人。运营者通过打造个人 IP,做专业领域的原创短视频,靠优质特色内容获得高曝光量来让用户喜欢并关注短视频账号是短视频平台的一种精准引流方式。

但是,在短视频平台上通过该方式吸引用户的前提是运营者需要拥有明确的用户画像和内容定位。例如运营者做的是美妆类产品,可以通过介绍美妆技巧、美妆产品的使用方法等去吸引有相关需求的精准用户。某美妆账号某个短视频画面如图 6-10 所示。

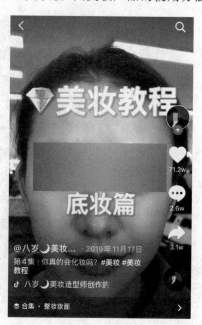

图 6-10　某美妆账号某个短视频画面

在图 6-10 中,可以看到该视频的点赞量为 71.2万,评论量为 2.6 万,转发量为 3.1 万。这个数据是非常不错的,这说明该美妆类账号打造"美妆造型师"的个人 IP 是十分成功的,关注该账号的大部分用户都是想要学习如何化妆的精准女性用户,这对于后期变现的帮助是十分巨大的。

运营者打造个人 IP 时,要专注于自己擅长或者喜欢的领域,尽量成为某一短视频领域的 KOL(关键意见领袖),做到视频内容有深度,能够提供专业性的内容,这样可以使用户获取更多的价值,从而提升账号的关注度。

2. 评论引流

常见的短视频平台上都会有视频评论区,让用户能够发表自己的观点,例如抖音平台的短视频评论区如图 6-11 所示。

评论引流指的是运营者利用短视频平台的评论功能向自己的短视频账号引流的方法。

用户在观看视频时,一般有两种情况会去关注某一个视频的评论区:第一种是该视频的话题对于用户有吸引力,用户想去表达一下自己的观点;第二种是当一个视频的评论数量

图 6-11　抖音平台的短视频评论区

较高时，用户就会好奇其他用户都评论了什么。

评论引流利用的就是第二种情况。运营者可以找一些同类型的竞品账号评论数量较高的视频来进行评论，吸引其他用户对自己的精彩或者有趣的评论进行点赞。用户在对评论点赞的同时，也可能会点击运营者的头像去查看短视频账号首页，进而使这些用户观看自己的视频并关注。因为同类型的账号与自己账号的用户画像相似度是非常高的，所以通过这种方法吸引来的用户基本都属于精准用户。

常见的评论类型包括搞笑型、专业型、互动型等，运营者在发表评论时，具体内容要根据所评论短视频的内容来定。此外，运营者在使用评论引流方法时要注意以下两点。

（1）文明评论。

运营者不要在评论内容中出现谩骂、侮辱等不文明的内容。有礼貌、有素质的评论才能吸引其他用户点赞。

（2）评论内容与视频有关。

运营者的评论内容要与所评论的短视频有所联系。因为查看某视频评论区的用户都是被该视频吸引的，如果运营者所评论的内容与视频无关，很难获取其他用户的关注。

3. 使用推广工具

目前市面上较大的短视频平台，例如抖音平台、快手平台，都有自己的推广工具。运营者要注意的是短视频平台上的推广工具是需要付费的，但是效果也同样明显。通过平台的推广工具，运营者可以使自己的视频被更多的精准用户看到。短视频平台的推广工具目前常见的有两种推广方式：智能推广和自主推广。为了让运营者能够更好地理解平台的推广工具，下面以抖音平台的推广工具为例进行讲解。

1）智能推广

智能推广是指运营者通过平台智能系统来推广短视频。运营者在发布短视频时,短视频平台的算法系统会根据视频内容来将视频推荐给可能对这类视频感兴趣的用户。而智能推广的推广方式就是运营者通过付费的方式让短视频平台根据系统算法将其视频推荐给更多的用户。抖音平台的智能推广界面如图 6-12 所示。

在图 6-12 中,运营者可以看到抖音平台上的智能推广方式的名称为速推版,其意思就是快速推广的意思。根据平台的不同,这类功能板块的命名也不同,这里不过多赘述。运营者在抖音平台进行智能推广时可以选择推荐人数,还可以选择想要提升的数据,其他的内容,例如时长、用户属性等都是平台智能选择的。

在抖音平台上,根据运营者选择推荐人数的不同,所需支付的金额也是不同的。例如在图 6-12 中,选择的是 4900 人＋,那么需要支付的金额就是 98 元,也就是将视频推给每个用户的成本为 0.02 元。

2）自主推广

与智能推广的方式不同的是,运营者如果选择使用自主推广的推广方式来推广自己的短视频,那么就可以自己进行一些推广的设置。抖音平台的自主推广界面如图 6-13 所示。

图 6-12　抖音平台的智能推广界面

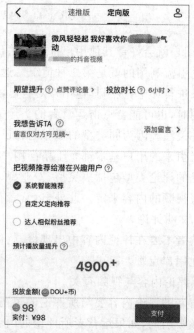

图 6-13　抖音平台的自主推广界面

在图 6-13 中,运营者可以设置的推广内容包括期望提升的数据、投放时长、留言内容、推荐方式等。

期望提升的数据、投放时长、留言内容这 3 个推广内容,运营者根据自己的需要进行设置即可。运营者需要重点了解的是推荐方式。

推荐方式分为系统智能推荐、自定义定向推荐和达人相似粉丝推荐 3 种。

• 系统智能推荐和上面所讲的智能推广方式相差不大,都是短视频平台根据智能系统

算法进行的推广。运营者可以在不了解自
己视频所面对的用户类型时，选择此类推荐
方式。

- 自定义定向推荐则是运营者需要自己设置，
可以设置的内容包括性别、年龄、地域、兴趣
标签。运营者在明确自己的账号用户画像
时可以选择这一推荐方式。自定义定向推
荐设置界面如图 6-14 所示。
- 达人相似粉丝推荐。如果运营者不了解自
己的短视频或者账号面向用户的画像是怎
么样的，但是知道竞品账号有哪些，那么运
营者就可以通过该推荐方式来提高自己视
频的数据。达人相似粉丝推荐的界面如图
6-15 所示。

在图 6-15 中，运营者可以通过点击"＋"按钮来
查找"竞品达人账号"，也可以选择平台系统推荐的
"竞品达人账号"。"竞品达人账号"查找页面如
图 6-16 所示。

图 6-14　自定义定向推荐设置界面

在图 6-16 中，运营者可以通过搜索的方式找到竞品达人账号，也可以选择通过浏览的
方式来找到竞品达人账号。

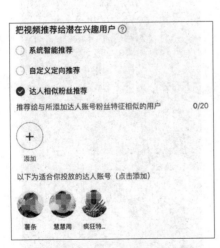

图 6-15　达人相似粉丝推荐的界面

图 6-16　"竞品达人账号"查找页面

推广内容设置完成之后，运营者就可以支付推广金额开始正式地推广投放了。平台不
同，推广界面的内容、推广价格、推广界面的名称等都会不一样，这里只是以抖音为例向读者
介绍这一推广方式。运营者要根据实际情况来利用平台工具进行推广工作。

📖多学一招：抖音平台推广工具的进入方式

根据短视频平台的不同，平台推广工具进入的方式也有所区别，例如抖音平台有两种，运营者可以通过点击视频的分享按钮找到"帮上热门"，点击后即可进入推广设置界面。推广工具进入方式——视频分享如图 6-17 所示。

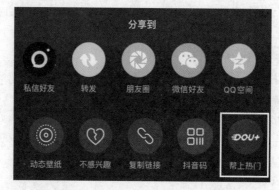

图 6-17　推广工具进入方式——视频分享

另一种方式是通过个人主页的功能菜单中的"更多功能"进入平台推广工具。运营者可以先在个人主页点击"三道杠"标志进入功能栏，抖音平台功能菜单如图 6-18 所示。

然后，运营者点击"更多功能"按钮即可找到推广工具，其中可以找到"上热门"功能。"更多功能"界面如图 6-19 所示。

图 6-18　抖音平台功能菜单

图 6-19　"更多功能"界面

6.2　短视频的留粉方法

短视频账号吸引了大批用户关注之后，这些用户就成为了运营者账号的粉丝，但是，在制作短视频时，运营者还要继续根据自己短视频账号的定位，持续地为账号粉丝带来优质的短视频内容，让已经关注的粉丝能够不再取消关注。

运营者需要注意的是，粉丝虽然关注了账号，但并不代表他们会持续观看短视频账号内更新的视频。所以运营者要做的就是加强粉丝与账号的关联，调动粉丝的积极性，使粉丝能够对运营者发布的短视频进行点赞、评论等行为，持续为短视频账号提供价值，这也是留粉工作之一。

除了保证短视频内容足够优质外，在运营短视频时，常见效果较好的留粉方法包括互动留粉法和私域流量留粉法，本节为大家进行详细讲解。

6.2.1　互动留粉法

互动留粉就是运营者通过互动的方式来调动用户的积极性，使他们多观看视频，并积极点赞、评论和转发。为了让运营者更好地掌握互动留粉法，下面从互动方式和互动技巧两方面进行讲解，具体介绍如下。

1. 互动方式

常见的短视频平台上的互动方式有两种：评论互动和私信互动。

1）评论互动

与 6.1.3 节所讲的"评论引流"方法不同，这里的评论互动是指运营者的视频被用户评论后进行回复互动。用户对运营者的视频进行评论后，其评论内容会出现在短视频账号的"消息"栏目中。例如，抖音"消息"栏目如图 6-20 所示。

如果抖音的粉丝评论了运营者的视频，那么平台就会在消息栏目中的"评论"图标上提示运营者具体的消息数量。回复粉丝消息时，运营者就可以通过点击"评论"图标进入评论回复页面，评论回复页面如图 6-21 所示。

运营者点击想要回复的评论即可进行粉丝评论互动。

2）私信互动

私信是短视频平台上类似于通过聊天窗口发送消息的一种模式。而私信互动即运营者通过发送私密消息与粉丝互动。例如在抖音平台上，运营者可以通过点击图 6-22 中的"粉丝头像"先关注粉丝，之后即可向粉丝发送私信，进行互动。

每个短视频平台进行评论互动功能和私信互动功

图 6-20　抖音"消息"栏目

能的位置都是不一样的,这里只是以抖音平台为例进行介绍。在实际的运营工作中,运营者要以具体的平台为准。

图 6-21　评论回复页面

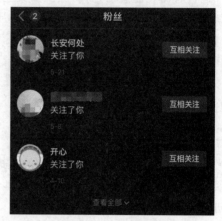

图 6-22　粉丝页面

2. 互动技巧

互动技巧主要包括及时回复、注意风格和优先重点。

1）及时回复

粉丝是在足够信任账号或者渴望回复的情况下,才会评论或私信。如果运营者没有及时回复,就会让粉丝的期待落空,大大降低粉丝对运营者的依赖程度。相反,如果运营者每次都能及时回复,可以让粉丝感受到运营者对他们的尊重和重视。运营者回复得越及时,粉丝的感受就会越好,这样能够有效地提高粉丝黏性,增加粉丝对于账号的依赖程度,进而实现留粉。

2）注意风格

与粉丝互动时,运营者要注意自己的语气风格。特别是对于那些真人出镜、风格明显的短视频运营者。

与粉丝互动时,运营者的互动风格要与整个账号的风格保持一致,避免粉丝产生违和感。例如"大兵笑工场",该账号是一个发布搞笑类视频的账号,该账号运营者在回复粉丝评论时,应该以搞笑风格为主。因为粉丝关注该账号是被短视频的搞笑内容所吸引,如果"大兵笑工场"的运营人员一本正经地回复粉丝评论或者微信,那么粉丝就可能会感到不适应而取消关注。

3）优先重点

对于重点的粉丝消息,包括评论和私信,运营者一定要优先回复。在刚开始运营短视频账号时,由于粉丝量不是很多,运营者尚可以做到回复每个粉丝的评论和私信。但是随着粉丝的数量越来越多,评论和私信也会越来越多,一个短视频可能会产生上万条评论或者私信,那么运营者就很难有精力和时间去逐一回复粉丝消息。

所以运营者要明确自身账号的粉丝评论和私信优先回复等级,保证能够优化回复重点的粉丝消息。如何判断回复粉丝消息的优先级呢? 运营者可以从以下 3 方面进行考虑。

(1)互动频繁的粉丝消息。经常给视频点赞或者评论的粉丝是运营者需要重点维护的对象。这群粉丝属于运营者账号的忠实粉丝,运营者一定要在第一时间回复,照顾好老粉丝,才会带来更多的新粉丝。

(2)提意见的粉丝消息。有些粉丝不仅喜欢评论,还会提出自己的看法,例如想看什么样的视频、内容有哪些方面不太好等。对于运营者来说,这类粉丝同样重要。粉丝愿意花时间、精力为运营者提意见,一方面说明了这类粉丝在乎这个短视频账号,希望它越做越好;另一方面运营者制作视频就是为了呈现给粉丝,而粉丝的意见可能代表了大多数人的意见,这些建议对于运营者有巨大的帮助。所以,运营者要好好珍惜这类粉丝,对他们的意见及时做出反馈。

(3)有负面情绪的粉丝消息。这里的负面情绪,主要体现在粉丝对视频内容的抵触情绪上。例如,一支大红色的口红,有的女生喜欢这个颜色,而有的女生不喜欢。短视频也是如此,有人喜欢,就会有人不喜欢。粉丝难免会对运营者的视频发出一些消极的评论。所以,对于一些消极的消息,运营者要用专业的知识分析表达自己的观点,并且安抚粉丝。

6.2.2 案例：丸子的互动计划

丸子发布了第一个抖音视频之后,很快就收到了几个粉丝的评论。随着视频发布的越来越多,自己账号的粉丝也越来越多,评论也越来越多,甚至有的粉丝还给她发了私信,询问该如何去湖北神农架的景区观光旅游。丸子的粉丝消息如图 6-23 所示,丸子的评论回复如图 6-24 所示。

图 6-23 丸子的粉丝消息

图 6-24 丸子的评论回复

随着粉丝评论量的上涨,丸子每天都要花费大量的时间来进行回复,耽误了其他的工作。于是,丸子准备制订一个互动计划。

丸子制订该计划的目的,一方面是保证自己能够有条不紊地开展互动工作,另一方面就是能够更好地与粉丝建立联系,加强粉丝对于账号的信任,留住粉丝。

首先，想要更好地与粉丝建立联系，就要及时回复粉丝的评论和私信。丸子决定每天18:00—20:00，花费两小时来回复粉丝当天发送的消息，避免粉丝长时间没有被回复而产生失落感。

然后，就是回复消息的语言风格。因为丸子的抖音账号定位是旅行类视频为主，表演类视频为辅，短视频内容大多数是比较轻松的风格。所以，丸子决定回复消息的语言风格为轻快型，与视频风格一致，让粉丝减少违和感，同时营造一种轻松愉悦的互动氛围。

最后，是优先回复的粉丝类型。第一种是经常对视频进行评论的粉丝。这类粉丝是经常观看丸子视频的用户，属于忠实粉丝，回复的优先级最高。第二种是提意见的粉丝，能够提出一定的建议，无论是好的建议，还是欠妥的建议，都说明这类粉丝认真观看了视频。对于这类粉丝，丸子准备以鼓励、感谢为主，回复的优先级为第二。第三种是带有负面评论的粉丝，这类评论容易对短视频内容造成较差的影响。这类粉丝评论也是必须回复的，并且丸子以安抚话术为主。如果粉丝情绪过于激烈，可以通过私信的方式来进行单独沟通。

丸子计划好互动计划的内容后，将其制订成一个表格，以便之后进行保存和查看，互动计划表如表 6-1 所示。

表 6-1　互动计划表

计 划 项 目	计 划 内 容	
目的	更好地与粉丝建立联系，加强粉丝对于账号的信任，留住粉丝	
回复时间	每天 18:00—20:00	
语言风格	轻快型	
回复优先级	忠实的粉丝	优先级最高
	提意见的粉丝	优先级第二
	情绪差的粉丝	优先级第三

6.2.3　私域流量留粉法

私域流量是相对于公域流量而言的。在短视频行业中，公域流量就是指运营者所运营的短视频平台上的流量，而私域流量则是指运营者通过一定的方法将短视频平台上的流量引导转化为自己的私有流量。因为相较于公域流量，如果运营者拥有了自己的私域流量，那么就可以在任意时间、任意方式来直接触达粉丝，以便于更好地运营粉丝。常见的构建私域流量的方式有公众号、微信社群、微博等，这里主要讲解构建私域流量中相对简单有效的方法——微信社群。下面通过微信社群介绍和微信社群留粉工作两方面对如何通过微信社群构建私域流量进行讲解，具体介绍如下。

1. 微信社群介绍

微信社群即微信中的群聊功能，是腾讯公司推出的一个多人社交聊天平台，可以通过网络快速发送语音短信、视频、图片和文字等形式的内容。某微信社群如图 6-25 所示。

从图 6-25 中可以看到，这是一个 409 人的微信社群。在群里，群员可以进行互动沟通。运营者在开始准备建立微信社群前，需要了解微信社群的人员组成和微信社群的基本功能。

1）微信社群的人员组成

一个微信社群至少 2 人，最多可容纳 500 人。其中人员结构主要分为 3 种：群主、群管理员和群员。

微信群主大多数时候是指该微信群的创建者，在群内拥有最高的权限，可以对社群进行一些设置，包括发布群公告、设置入群方式和移除群员等。

群管理员是由群主任命的用户等级，拥有移除群主外群主拥有的所有权限。给微信群增加管理员是有限制的：该群必须是 40 人以上的群，才能增加管理员，且每个群最多只能有 4 个管理员。

除了群主和群管理员之外，微信群内的其他群员都属于普通群员，每个人拥有相同的地位和权限。

值得一提的是，群主或者群管理员一般必须是运营者本人或者其他值得信任的人，而微信社群内的普通成员一般就是运营者从短视频平台引流过来的账号粉丝。

图 6-25　某微信社群

2）微信社群的基本功能

在微信社群中，运营者可以用来与粉丝互动的基本功能主要包括群公告、群通话、群红包等。

（1）群公告是指一项社群通知服务。只有群主或群管理员才能发布，发布后每一位群员都会收到消息通知提醒。

（2）群通话是一个群体语音服务，微信群内可以实现多人在线视频或音频通话，方便多人一起讨论问题或者聊天。

（3）群红包的本质是通过微信钱包进行的转账交易。运营者可以通过向粉丝发放一定金额的红包，来提高粉丝的活跃度。

2.微信社群留粉工作

运营者在构建微信社群私域流量时，需要先了解微信社群各个阶段的重点留粉工作。微信社群发展阶段一般分为起步期、成长期和稳定期。

1）起步期

微信社群的起步期是指运营者想要开始建立微信社群维护粉丝的阶段。通过该阶段的留粉工作，运营者可以建立起微信社群的基本框架，为微信社群留粉工作打好基础。微信社群起步期的留粉工作主要包括完成社群基础建设和创建微信社群。

首先，运营者要完成社群基础建设。社群基础建设包括社群名称、社群价值观、社群规则、社群日常活动、社群运营逻辑等内容。

（1）社群名称即运营者的微信社群名称，微信社群的名称可以让入群粉丝很好地了解该社群的成立目的和类型，例如"猴哥说车粉丝交流群"，当粉丝入群后第一时间就能了解到这个社群是一个"猴哥说车"账号的粉丝交流社群。

（2）社群价值观即该社群内成员应该共同秉持的观念，例如真诚待人就是一种价值观。

（3）社群规则即社群内粉丝需要遵守的规范。如果粉丝数量超过百人，那么管理粉丝就是一个工作量巨大的工作，所以运营者需要制定一些规则来限定粉丝的行为，保证微信社群能够良好地运转。微信社群规则主要包括群员行为规则、社群功能、支持内容、反对内容等。

（4）社群日常活动即运营者在运营社群时可以通过哪些活动来提高粉丝活跃度。毕竟，运营者构建微信社群的目的就是提高粉丝的活跃度，更好地留存粉丝。社群日常活动包括投票、打卡、故事接龙和逻辑游戏等。

（5）社群运营逻辑即整个微信社群运营过程中的流程，主要包括人员分工、工作时间、内容分享次数等，以保证社群运营工作的高效开展。

运营者完成社群的基础建设之后，就可以正式开始创建微信社群了。因为微信社群成员至少有两人，所以在建立社群时，运营者可以将同事、好友或其他熟悉的人先行加入社群中，以此来搭建微信社群。运营者可以在微信应用界面中进行相关操作，微信社群的建立方式如图 6-26 所示。

在图 6-26 中，运营者可以在微信应用界面中点击右上角的"＋"按钮，选择"发起群聊"命令。然后，运营者就进入一个选择好友的界面，选择好友的界面如图 6-27 所示。

图 6-26　微信社群的建立方式

图 6-27　选择好友的界面

在图 6-27 中，运营者勾选好自己想要选择的群员之后，点击"完成"按钮，即可完成微信社群的创建。

2）成长期

微信社群的成长期是指社群快速成长的一个阶段。在该阶段，运营者的主要工作是吸纳短视频账号的粉丝加入社群。

运营者需要引导粉丝添加微信账号。运营者如果已经拥有了一定的粉丝基础，那么就可以通过在短视频的账号简介、账号封面、视频评论或者私信中留下自己的微信联系方式，让粉丝添加自己微信账号，这样就可以将粉丝转化为自己的好友，方便后续将粉丝拉入社群中。例如某美食短视频运营者在账号简介中的引导话术是"想要学习更多美食制作，添加VX：123456，即可入群，来一起享受美食吧"。

需要注意的是，无论哪个短视频平台都不允许运营者的短视频账号简介或者视频中出现"微信""微博"等具有明显引流的词汇，运营者可以通过首字母、表情等进行变体展示。

如果运营者暂时没有粉丝，那就先不要开始引流的工作，而是将运营工作的重心放在短视频的制作产出上，利用涨粉方法快速涨粉，再来引导粉丝成为私域流量。

因为运营微信社群同样需要花费时间和精力，所以运营者要等到粉丝积累到一定的数量再将粉丝统一加入微信社群，这样才能使得工作效益最大化。

成长期是微信社群最容易夭折的时期，由于粉丝的持续加入，可能发生观点冲突、活跃度骤降、群员间矛盾、广告干扰等问题，导致粉丝体验不佳，大量粉丝退群，为运营者维护粉丝的工作带来巨大的阻碍。所以运营者需要严格执行在起步期制定的群规则，并且需要高频率观察群内动向，及时处理发生的问题。

将大量的粉丝加入微信社群后，运营者即可制定好的微信社群基础建设内容来运营社群。值得一提的是，运营者在运营微信社群的过程中，要根据实际情况来优化运营方法，例如微信社群规则、微信社群活动等，以保证微信社群内的粉丝保持活跃度，持续为运营者带来价值。

3）稳定期

微信社群的稳定期是指粉丝数量基本稳定，且在起步期制定的社群价值观、社群规则、社群日常活动、社群运营逻辑等都已经趋于完善。

在稳定期，一方面，运营者可以将粉丝转化为内容输出者，使其能够为制作短视频提供素材、话题等。运营者可以使用提出话题的方式使粉丝成为内容输出者。运营者通过在社群内提出话题来引发粉丝的讨论与思考，从而提升社群活跃度，并获得素材和话题。

值得一提的是，运营者在提出话题时要注意以下几点。

（1）话题要和短视频内容和粉丝都存在一定的相关性。让粉丝参与讨论的第一要素就是话题和粉丝自身相关，只有这样才能激发粉丝的高度关注和讨论兴趣。

（2）话题需要有人引导。由于微信社群内发言具有随机性，可能一个话题抛出没多久，就被一些粉丝带偏了方向，或者转移到了别的话题上。这时候就需要有人出来把话题带回正轨。

（3）选对话题提出的时机。话题提出的时间也很重要，如果提出话题的时候粉丝都在睡觉或者努力工作，这个话题就得不到太多的反馈。所以社群运营者必须了解用户的作息习惯，选出话题提出的最佳时机。

另一方面，运营者需要提高粉丝活跃度，使他们对更新的短视频进行转发、评论、点赞等操作。例如，运营者可以在微信社群内开展福利活动，促使粉丝对短视频进行评论、点赞。某微信社群粉丝评论福利活动如图6-28所示。

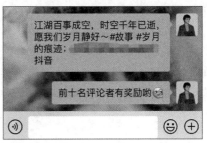

图6-28 某微信社群粉丝评论福利活动

运营者通过上述运营方法可以使微信社群内的粉丝产生价值和保持活跃度,保证社群的稳定运转,从而提高粉丝黏性,有效留粉。

6.2.4 案例:丸子启动旅游微信社群

丸子的抖音账号粉丝越来越多,目前已经突破了 30 万。但是丸子在运营短视频账号的过程中,发现了两个问题。

第一个问题是虽然粉丝越来越多,但是每个视频的数据并没有特别大的变化,点赞量基本都保持在 2 万~4 万左右,而评论量基本就在 500 左右。

第二个问题是丸子在和忠实粉丝进行评论和私信互动时,好多粉丝都表示想要了解更多的旅行知识以及建议等,而由于短视频的时长有限,这些内容并不能系统地为粉丝们呈现,并不能吸引更多的粉丝来神农架大九湖旅游。

丸子在观看其他竞品账号的视频之后,发现其他竞品账号有的在个人主页留下了微信号,将粉丝引流到微信社群。这给丸子带来了很大的启发,所以丸子也准备建立自己的粉丝群,构建自己的私域流量。

在旅游微信社群的起步阶段,丸子首先进行社群基础建设。

第一个内容是微信社群的名称。为了让进入社群的粉丝能够第一时间了解该社群的类型,于是丸子准备起一个较为符合社群定位的名字:丸子的旅游爱好粉丝群。

第二个内容是微信社群的价值观。丸子创建微信社群的目的是更好地维系粉丝,同时为粉丝带来更多知识。考虑之后,丸子决定微信社群的价值观为真实和宽容。

真实很好理解,无论是短视频平台还是微信社群都属于虚拟网络,无论是自己还是粉丝在交流沟通时都应该保证知识、信息等都是真实的,避免误导大家,产生不良的后果。而宽容则指的是群内所有成员都应该以宽容的态度去和其他人进行交流,而不是在意见不统一的时候,去随意诋毁他人,产生矛盾。

第三个内容是微信社群的规则。为了能够更好地管理社群,丸子制定了以下规则。

(1)进群必须改名,改名格式:昵称-所在地区-所在城市。

(2)社群功能:通过本群大家可以了解各个旅游景点以及旅游知识,此外还有神农架大九湖的旅游不定期优惠和针对粉丝的特别服务。

(3)粉丝分享:本群粉丝也可分享旅游方面的内容,鼓励大家分享自己的旅游经历、旅游心得、旅游照片等,为其他人提供参考。

(4)禁止内容:因本群为群主个人粉丝群,所以禁止其他群员发送垃圾广告、探讨与旅游不相关的话题以及带有政治类、侮辱性、欺骗性等的内容,一经发现,踢出社群,永久拉黑,请自重。

第四个内容是微信社群活动。丸子通过在社群内分享旅游知识可以解决粉丝想要了解更多的旅行知识以及建议等的需求。但是短视频数据的相关问题还没有得到解决,丸子计划通过微信社群活动来增加短视频相关数据。此外,还可以通过活动来吸引粉丝到自己所在景区旅游,增加收入。于是,丸子初步设定了一些微信社群活动,微信社群初步方案如表 6-2 所示。

表 6-2　微信社群初步方案

活 动 目 的	活 动 名 称	活 动 时 间	活 动 内 容
提高短视频数据	"看视频，送福利"	每次在抖音发送短视频 3 小时后	在抖音平台上发布短视频之后，根据 3 小时内的点赞量、评论量以及转发量的数据基础，鼓励粉丝去点赞、评论和转发，设置不同数据层级，来发放红包福利。例如某短视频在发布 3 小时后，点赞量为 10000，评论量为 400，转发量为 300。那么就可以设定，如果在未来 24 小时内，点赞量突破 30000 或者评论量突破 1000，转发量突破 800，则在群内发送 100 元红包福利；如果点赞量突破 50000 或者评论量突破 1500，转发量突破 1000，则在群内发送 200 元红包，以此类推
吸引粉丝到大九湖旅游	"团购有礼"	随时	群内每满 10 人成团报名到大九湖旅游（可包含群外的亲属朋友），即可全员享受大九湖朴野民宿 8 折优惠以及免费导游
	"答题日"	每月月初	每月 1 日，在群内举办旅游知识抢答活动，每次 5 道题，每道题抢答且答对的第一名，可获得大九湖免费住宿 1 天的奖励

　　随着微信社群基础建设内容已经完成，丸子便开始通过个人简介来吸引粉丝入群。丸子的短视频账号定位是旅行账号，吸引的粉丝都是喜爱旅游的人，故而微信社群的定位就为旅游爱好类社群。于是她在自己的抖音个人简介中加入了一段引流话术，引流话术如图 6-29 所示。

　　添加微信的粉丝数量也达到了 150 多人，丸子便开始将粉丝拉入群聊中。将粉丝拉入微信社群后，丸子便按照设定好的基础建设内容开始正式运营该社群。丸子的旅游爱好粉丝群如图 6-30 所示。

图 6-29　引流话术

图 6-30　丸子的旅游爱好粉丝群

借助微信社群,丸子不仅提高了粉丝黏性,使粉丝与自己的短视频账号亲密度更高,而且还通过微信社群了解了粉丝需求,获得了大量的素材和话题,便于自己制作和发布更加优质的短视频。

6.3　本章小结

本章首先讲解了如何通过数据优化法、算法涨粉法和精准引流法 3 种方法来使短视频账号快速涨粉,然后又讲解了吸引了大量粉丝后该如何通过互动留粉和构建私域流量来维护粉丝,为运营者的短视频账号带来价值。

学习本章后,希望读者能够针对自己的短视频账号灵活运营涨粉方法和留粉方法,使自己的短视频账号早日成为一个拥有百万级粉丝的大号。

6.4　课后作业

1. 项目背景

"育儿网"是中国影响力广泛的孕婴童垂直网络平台,2006 年 2 月正式上线,十几年来"育儿网"专注服务中国年轻家庭,包含孕婴童方面的资讯、内容、新闻、更新内容及产品。2018 年 7 月创建了"育儿宝典网"品牌抖音账号,截至 2020 年已经拥有了 200 多万粉丝。"育儿宝典网"抖音账号的内容主要包括育儿心得、育儿小妙招等。

2. 工作任务

为了能够更好地运营粉丝,新媒体总监决定将抖音账号的粉丝引流到微信社群,要求你一周后提交一份社群基础建设方案,主要包括社群名称、社群价值观、社群规则、社群日常活动 4 方面,且最终以表格的形式呈现。

第 7 章

商业变现：破译短视频的财富密码

思政案例

【学习目标】

- 了解电商变现逻辑，理解电商变现的方式。
- 熟悉电商变现权限，能够正确地申请相关权限。
- 掌握电商变现的商品选择方法，可以为短视频账号选择合适的变现商品。
- 掌握制作商品视频的方法，能更好地实现短视频电商变现。
- 了解广告获取途径，为短视频账号接取广告任务。
- 掌握广告变现的制作形式，能够为广告任务制作短视频广告。
- 了解直播变现，理解短视频与直播的关系。
- 熟悉直播变现的方式，能够区分打赏变现与导购变现两种变现方式。
- 掌握直播变现的策略，能够为短视频账号制定相应策略。
- 熟悉直播变现的主要工作，能够正确开展直播变现活动。

当短视频账号的粉丝达到一定数量后，运营者就可以开始考虑商业变现了。毕竟无论个人，还是较大的团队，都需要一定的资金来保证团队的正常运转。通过合理的盈利，运营者在短视频行业中才能更好地发展。目前在短视频平台上，商业变现模式主要包括电商变现、广告变现和直播变现，本章对这 3 种变现模式进行讲解。

7.1 电商变现

在短视频行业中，一些较大的短视频平台，例如抖音、快手等，都在主动拓展电商服务。这种变现方式已经逐渐成为了运营者进行短视频变现的主流方式之一。电商变现在这里是指在短视频平台上，以商品交易为中心的商业变现活动。运营者想要通过电商变现的方式实现盈利，那么首先要了解电商变现的逻辑，然后在短视频平台上申请电商销售权限，接下来选择要销售的商品，最后制作商品视频。本节从电商变现的逻辑、电商变现的权限、电商变现的商品选择和电商变现的视频制作 4 方面为运营者讲解如何在短视频平台上实现电商变现。

7.1.1 电商变现的逻辑

了解电商变现逻辑有助于运营者更好地进行电商变现的相关工作。目前短视频平台上的电商变现逻辑主要分为一类电商逻辑和二类电商逻辑，具体介绍如下。

1．一类电商逻辑

一类电商是指在线支付型的店铺销售模式，例如天猫、京东等。天猫、京东等平台常见的一类电商逻辑主要包括以下内容。

(1) 运营者开通一个商品店铺。

(2) 在自己的店铺中上架商品。

(3) 用户看到商品，货比三家、确认无误后下单。

(4) 运营者根据用户所留地址使用物流发货。

(5) 用户收货，运营者提供售后服务，整个交易完成。

天猫、京东等一类电商中的卖家就是根据这个变现逻辑来进行商品销售，进而实现盈利的。这一变现逻辑在短视频平台上同样适用，但是短视频平台上的一类电商逻辑与常见的一类电商逻辑是有差别的。短视频平台的一类电商逻辑主要包括以下内容。

(1) 运营者开通一个商品店铺。

(2) 在自己的店铺中上架商品。

(3) 运营者制作和发布视频且在视频中加入商品链接。

(4) 用户观看视频，对商品产生兴趣。

(5) 进入商品页面浏览商品，确认无误后下单。

(6) 运营者根据用户所留地址使用物流发货。

(7) 用户收货，运营者提供售后服务，整个交易完成。

2．二类电商逻辑

二类电商逻辑是指运营者将天猫、京东等电商平台上的商品链接分享给用户，用户点击运营者分享的链接、购买商品之后，运营者就可以获取商品商家设定的佣金的一种变现模式。短视频平台的二类电商逻辑主要包括以下内容。

(1) 运营者首先需要开通商品分享权限。

(2) 运营者制作和发布视频且在视频中加入商品链接。

(3) 用户观看视频，对商品产生兴趣。

(4) 进入商品页面，浏览商品。

(5) 从商品页面跳转到一类电商平台(京东、天猫等)。

(6) 确认无误后下单购买。

(7) 一类电商店铺根据用户所留地址使用物流发货。

(8) 用户收货，一类电商店铺运营者提供售后服务，整个交易完成。

(9) 运营者获取商品佣金，实现盈利变现。

7.1.2　电商变现的权限

了解了短视频平台的电商变现逻辑之后，运营者即可开始进行电商变现的工作。但是运营者想要在短视频平台上通过电商变现来实现盈利，需要先拥有一定的权限，例如抖音平台的权限申请如图 7-1

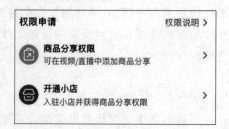

图 7-1　抖音平台的权限申请

所示。

在图 7-1 中，"商品分享权限"属于二类电商权限，"开通小店"则属于一类电商权限。下面对如何申请电商权限进行讲解，具体介绍如下。

1. 申请一类电商权限

目前一些较大的短视频平台已经可以申请开通属于自己的店铺，例如抖音平台的玩具店铺如图 7-2 所示。

在短视频平台上申请店铺权限的运营者必须满足一定的条件，例如运营者想要在抖音平台上开通店铺，就需要提供经营资质（如营业执照），不具有经营资质的运营者无法开通店铺。运营者有两种店铺认证类型可以选择。抖音平台的店铺认证类型如图 7-3 所示。

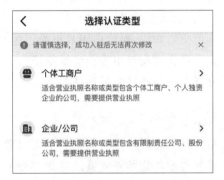

图 7-2　抖音平台的玩具店铺　　　　图 7-3　抖音平台的店铺认证类型

运营者可以从图 7-3 中看到，想要在抖音平台上开通店铺，无论是个体工商户，还是企业/公司都需要提供营业执照。在认证时，运营者根据自己所属的公司类型进行认证即可。申请完成后，运营者即可将自己想要出售的商品上架到店铺中进行售卖。

2. 申请二类电商权限

申请二类电商权限相对较为容易，抖音平台的商品分享功能申请界面如图 7-4 所示。

从图 7-4 中可以看到，抖音平台要求运营者账号通过审核的视频数大于或等于 10 条，且账号粉丝大于或等于 1000 人，满足这两个条件即可申请开通。值得一提的是，如果运营者具有经营资质，在申请了一类电商权限之后，同样可以申请二类电商权限，这两种电商权限类型不存在冲突。但是，如果运营者没有经营资质，那么就只能申请二类电商权限。

每个短视频平台对开通电商权限的要求并不相同，这里主要是以抖音平台为例进行介绍。但是申请电商权限的大致思路和开通方式大同小异,运营者在自己所属的平台根据具体要求申请即可。

7.1.3　电商变现的商品选择

运营者开通短视频平台的电商权限后,就需要选择可以销售的商品。对于拥有自己商品的运营者,根据自己的商品制作短视频即可。这里讲解的商品选择主要是针对那些自己没有商品的运营者。选择用于变现的商品时,运营者可以从商品类型、价格合理性、粉丝需求和商品热度这4方面考虑,具体介绍如下。

1. 商品类型

运营者在选择商品时,首先要明确适合自己的商品类型。运营者可以根据自己的账号定位和用户画像选择适合自己账号的、用于电商变现的商品。这样,有利于粉丝为在视频中出现的商品买单。例如,某运营者的账号类型是摄影,制作和发布的视频都是关于摄影知识的,但是他没有选择照相机、摄影机等与短视频内容有关系的商品,而是选择了厨房用具。粉丝关注他的账号

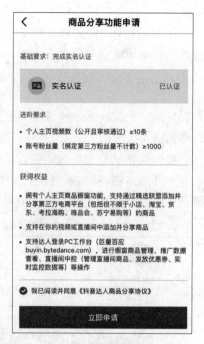

图7-4　抖音平台的商品分享功能
　　　　申请界面

是为了学习摄影知识,对厨房用具很难产生兴趣,该运营者的电商变现就可能会面临失败。如果该运营者在短视频中为粉丝推荐镜头、三脚架、相机包等相关产品,粉丝就有可能通过运营者分享的商品链接购买这些商品。

2. 价格合理性

价格合理性是影响用户下单的重要因素之一。因为价格过高产品的质量会更被关注,用户下单的时候就会额外谨慎。例如抖音平台,运营者选择价格在100元以内的产品是比较合适的。

3. 粉丝需求

选择商品时,运营者除了需要考虑价格因素之外,还应该考虑商品的粉丝需求量大不大的问题。例如,运营者可以通过调查问卷的形式在自己的粉丝微信社群中调查商品需求。

4. 商品热度

那些销售量很高、人气很旺的热门商品被称为爆款商品。一般爆款商品是比较容易受到用户喜欢的,销售的难度较低。运营者可以通过天猫、京东等电商平台来搜索当前市场上较为热门的商品,例如京东平台的热搜榜如图7-5所示。

从图7-5中可以看到京东平台上热搜商品的排名,并以此作为依据来筛选商品。此外,运营者也可以通过短视频平台上的商品热搜排名来进行选择,例如抖音平台的人气好物榜如图7-6所示。

图 7-5　京东平台的热搜榜

图 7-6　抖音平台的人气好物榜

筛选好商品之后，选择一类电商逻辑的运营者可以通过阿里巴巴、义乌购等平台采购商品，上架到自己的短视频平台店铺内，并通过视频分享进行销售。而选择二类电商销售逻辑的运营者则需要将淘宝平台或者京东平台的推广联盟中的商品链接添加到自己短视频的商品橱窗中，然后通过视频分享进行销售，获取佣金。

7.1.4　电商变现的视频制作

无论运营者选择哪一种电商变现逻辑来进行变现，都需要进行商品视频的制作。在制作商品视频时，运营者要了解商品是如何在短视频中进行展示添加的；然后根据具体商品来制作视频。下面从商品的展示逻辑和商品的视频制作两方面对电商变现的视频制作知识进行讲解，具体介绍如下。

1. 商品的展示逻辑

短视频平台与淘宝、京东等电商平台的商品展示逻辑的差别非常大。例如京东平台的商品展示逻辑如图7-7 所示。

在图 7-7 中，商品是直接展示在用户面前的。用户搜索到自己想要购买的商品类型，浏览之后，选择自己喜欢的商品下单即可。

而在短视频平台上，运营者不能直接将商品信息、

图 7-7　京东平台的商品展示逻辑

店铺信息等呈现在消费者面前,而是要通过发布短视频来吸引用户观看视频,然后在短视频中为用户提供一个商品链接入口。用户需要点击商品链接,才可以进入商品页面来浏览商品。例如抖音平台的短视频商品链接入口如图7-8所示。

在图7-8中,用户点击黄色购物车"同款七夕礼物"即可进入相应页面来查看该商品,商品页面如图7-9所示。

图 7-8 抖音平台的短视频商品链接入口

图 7-9 商品页面

短视频中的商品链接的添加方式根据短视频平台有所不同,例如抖音平台就有如下两种添加方式。

1)在商品橱窗中添加

运营者可以在账号主页点击"商品橱窗"按钮,进入商品橱窗页面,如图7-10所示。

在商品橱窗页面,运营者点击"橱窗管理"按钮,如图7-11所示。

图 7-10 点击"商品橱窗"

图 7-11 商品橱窗页面

运营者点击"橱窗管理"按钮后,即可进入橱窗管理页面,如图7-12所示。

在图7-12中,点击"添加商品"按钮,即可进入商品选择页面,如图7-13所示。

图 7-12　橱窗管理页面

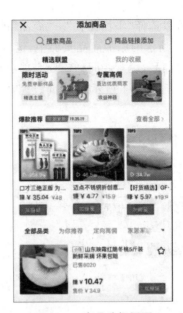

图 7-13　商品选择页面

　　在图 7-13 所示的商品选择页面，运营者可以通过点击"搜索商品"或者"商品链接添加"按钮来添加自己想要在短视频中呈现的商品，然后点击"加橱窗"按钮进入编辑商品页面，如图 7-14 所示。

　　运营者需要在编辑商品页面中编辑商品短标题、选择商品分类、选择商品类型和添加商品图片。编辑完成之后，运营者点击"完成编辑"按钮，商品就被添加到商品橱窗中，运营者在发布短视频时选择商品即可。

　　2）发布商品时添加

　　发布视频时，运营者在发布商品页面也可以添加商品，如图 7-15 所示。

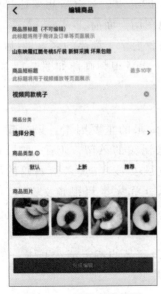

图 7-14　编辑商品页面

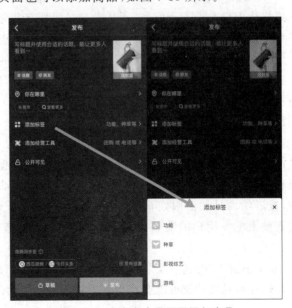

图 7-15　在发布商品页面添加商品

运营者可以选择"添加标签"→"商品"进入添加商品页面,如图 7-16 所示。

在图 7-16 所示的添加商品页面中,运营者可以通过"搜索商品"或者"商品链接添加"按钮来添加相关商品,运营者同样需要完善商品的短标题、商品分类、商品类型、商品图片等信息,具体信息与图 7-14 所示的相同。完成相关操作之后,商品就添加成功了,如图 7-17所示。

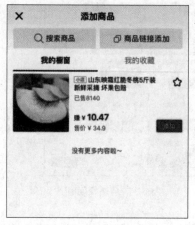

图 7-16　添加商品页面

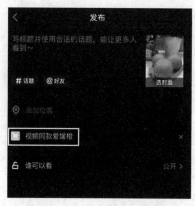

图 7-17　商品添加成功

2. 商品的视频制作

了解如何在短视频中添加商品后,运营者就可以开始正式制作商品短视频了。在制作销售商品的短视频时,运营者一般可以从突出商品亮点、搭配优质文案和展示商品场景 3 个要点进行考虑。

1）突出商品亮点

想要让用户购买一个商品,商品本身必须拥有非常突出的亮点。运营者想要通过短视频平台销售商品,那么就需要快速地将商品最大的亮点展现在用户面前。

例如抖音账号"曹小派",该账号的每一个短视频的开头就展示了商品的名字,然后在视频中着重呈现商品的亮点来吸引用户购买。"曹小派"的某个卖货视频画面如图 7-18 所示,完整视频可扫描图 7-18 右侧的二维码观看。

2）搭配优质文案

视频文案是否具有吸引力,也是影响短视频商品销售效果的重要因素。短视频如果只是简单地将商品名称展示出来,很少用户会产生想浏览视频的欲望。但是,如果运营者能在短视频文案中呈现商品面对的用户群体,如油性皮肤女孩专属、送给妈妈的贴心礼物,或者给商品加上限定词,如便宜、耐用、便于携带等,这样来撰写视频文案,可以在很大程度上激发用户的购买欲望。例如抖音账号"宝妈小清单"的某个卖货视频画面如图 7-19 所示。

"宝妈小清单"的这个卖货视频中的文案就直接指出了该商品的特定消费群体,一些年轻的妈妈看到视频后就可能会产生观看视频和购买商品的兴趣。

图 7-18　"曹小派"的某个卖货视频画面

图 7-19　抖音账号"宝妈小清单"的某个卖货视频画面

3）展示商品场景

在制作商品视频时，运营者一定要展示商品场景，例如商品制作的场景、商品使用的场景，以便于让用户获取到足够多的商品信息。例如抖音平台上，"严燕婷"的卖货视频就是通过展示商品的使用场景吸引用户，即使用户没有购买意愿，也会一不小心被该运营者构建的场景所吸引，抖音账号"严燕婷"的某个卖货视频画面如图 7-20 所示，完整视频可扫描图 7-20 右侧的二维码观看。

图 7-20　抖音账号"严燕婷"的某个卖货视频画面

运营者根据短视频制作要点制作好视频后,即可将商品视频发布到短视频平台上。

7.1.5　案例：制作商品短视频

通过抖音短视频账号,丸子吸引了很多热爱旅游的人来神农架景区旅游,不仅自己的民宿生意火爆,也为景区的发展做出了贡献。神农架景区不仅景色优美,而且还有很多特色小吃和土特产,无论是自己品尝,还是带回家送给亲朋好友,都是不错的选择。

有游客向丸子建议："为什么不通过抖音平台来做电商卖土特产和特色小吃呢?"丸子深受启发,自己的账号本来就是一个旅行类账号,用户大多数都是旅游爱好者,对于旅游土特产的接受度还是很高的,于是她便开始通过抖音平台进行特色商品的电商变现工作。

首先,丸子整理了神农架的主要特产,包括神农百花蜜、木鱼绿茶、神农架野板栗、灵芝草、香菇、神农泉黄酒、民间刺绣等。

然后,丸子分析了一些土特产的特点,研究该如何制作短视频,使用户能够更容易接受。神农架部分土特产的特点分析如表 7-1 所示。

表 7-1　神农架部分土特产特点分析

特产名称	特产特点
香菇	湖北神农架山区的原木香菇; 在木头上自然生长; 人工进山采摘
神农泉黄酒	以当地产优质糯米为主料,配以神农架北麓青峰断裂带天然矿泉水; 酒体完美,色泽光亮,金黄透明,味甜醇厚,风味独特; 低酒精度,高营养保健酒; 人工酿造
神农架百花蜜	本地土蜂采集百花精华产出的蜂蜜; 人工采集、酿造; 长期食用可健身增智、驻颜美容、养肝护脾、增强免疫力、促进儿童生长发育

丸子分析了这 3 款土特产之后,发现其共同点在于人工采摘或者制作。所以,丸子准备在视频中突出展示人工采摘或者制作这一商品场景,同时再搭配一定的故事情节或者文案。

丸子先对香菇这一土特产进行了商品视频制作,视频的主要内容：在拜访朋友的时候,为朋友带上了家乡的香菇土特产,然后在为朋友介绍该土特产的时候,穿插当地村民上山采摘香菇的场景。香菇土特产视频可扫描右侧的二维码观看。

香菇土特产视频发布后，很多用户在抖音平台下单，一个月就为丸子带来了 5 万多元的收益，为丸子继续在抖音平台上进行电商变现增强了信心。

7.2　广告变现

在快节奏的短视频时代，用户的注意力都在向短视频转移。抖音、快手等短视频平台借助其庞大的日活跃用户量、较高的用户使用时长，被越来越多的广告主（需要发布广告的企业或者个人）青睐。这也使得众多短视频运营者拥有了通过承接广告来变现的可能。本节通过广告获取途径和广告制作形式讲解如何通过广告变现这一方式来实现盈利。

7.2.1　广告获取途径

在短视频平台上，运营者主要有两种广告获取途径，第一种是承接短视频平台广告，第二种是承接第三方平台广告。下面对这两种广告获取途径进行具体介绍。

1. 承接短视频平台广告

短视频行业发展至今，各个平台上已经拥有了各自完善的广告业务模块，例如抖音平台的巨量星图、快手平台的快接单等。运营者只要满足一定的要求，就可以开通这类功能，承接广告。例如在抖音平台上，运营者账号的粉丝量超过 10 万，才可以开通承接广告功能。

在各个短视频平台上承接广告的方式大同小异，下面以抖音平台的星图平台为例，通过登录巨量星图、入驻巨量星图、完善提现设置、接收广告任务和完成广告任务 5 方面来讲解如何在抖音平台上承接广告。

1）登录巨量星图

运营者可以通过百度、360 等搜索引擎搜索"抖音星图"，找到巨量星图官网。巨量星图官网首页局部如图 7-21 所示。

进入网页之后，运营者可以看到抖音、今日头条、西瓜视频等图标，因为这些短视频平台都属于同一个公司，所以这些短视频平台上的运营者都可以使用巨量星图来承接广告。这里主要是以抖音平台为例进行讲解，对于其他平台不再赘述。

巨量星图平台目前提供 3 种登录入口，分别是客户登录、达人/创作者登录和 MCN 登录。巨量星图的登录身份选择界面如图 7-22 所示。

图 7-21　巨量星图官网首页局部

3 种登录身份中，客户即想要通过巨量星图来投放广告的广告主，MCN 是指拥有一定数量优质内容和达人资源的机构，而达人/创作者的登录入口才是一般的短视频运营者的登录入口。

因为使用巨量星图的运营者一般都已经在抖音平台上拥有了自己的账号，运营者直接单击"登录"按钮，找到"达人/创作者"选项登录，然后选择"我是抖音达人"，即可进入登录界面。

巨量星图平台的门槛较高,运营者想要通过该平台来承接广告,需要先积累 10 万粉丝。巨量星图的抖音登录界面如图 7-23 所示。

图 7-22 巨量星图的登录身份选择界面

图 7-23 巨量星图的抖音登录界面

2) 入驻巨量星图

登录完成后,运营者进入巨量星图的管理后台。对于首次登录的运营者,接下来要做的是完成入驻的相关操作。入驻巨量星图主要包括如下 3 个步骤:绑定媒体账号、申请开通任务和完善报价信息。

(1) 绑定媒体账号。运营者完成绑定媒体账号的操作后,巨量星图平台可以更好地获取运营者的抖音账号信息。在该步骤中,运营者需要使用在抖音账号上绑定的手机号来进行相关操作。

(2) 申请开通任务。运营者在该步骤主要是需要阅读巨量星图平台的相关协议,选择同意即可开通任务功能。

(3) 完善报价信息。运营者可以根据视频时长来设置不同的报价,例如设置 15s 视频的价格或者 60s 视频的价格。每月 25 日前,运营者可以修改报价,修改完成后,该报价次月生效。

3) 完善提现设置

为了保证交易正常进行,运营者还需要完善提现设置。提现设置主要包括手机号绑定、个人实名认证和绑定提现账号 3 个步骤。巨量星图提现设置如图 7-24 所示。

图 7-24 巨量星图提现设置

(1) 手机号绑定。这一步是为了便于提现时接收验证码,所以运营者最好绑定常用的手机号。

（2）个人实名认证。提现账号对应的名字需要与实名认证的名字相同，才能提现成功。

（3）绑定提现账号。目前，巨量星图平台仅支持绑定支付宝账号，绑定后即完成提现设置。

4）接收广告任务

完成相关设置之后，运营者再次登录巨量星图即可看到任务大厅。巨量星图任务大厅如图 7-25 所示。

从图 7-25 中可以看到，巨量星图任务大厅的任务分为两种："指派给我"和"我可投稿"。

"指派给我"是广告主在确认达人报价后主动支付，然后指派达人完成自己所布置的任务。

"我可投稿"是任务由广告主或系统定向分配给运营者，运营者如果愿意接受该广告任务则选择报名。报名某项广告任务之后，运营者需要再次填写报价，同时还需要介绍账号优势。

5）完成广告任务

完成报名之后，运营者需要等待广告主确认报价并完成支付，然后运营者便需要着手完成任务。

首先，运营者需要针对广告主需求来撰写脚本，即将视频的内容和文案等呈现在 Word 文档中进行上传，以供广告主审核确认。已上传的脚本如图 7-26 所示。

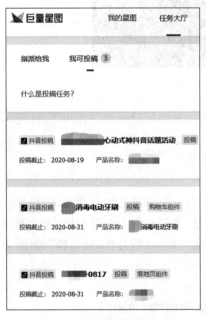

图 7-25　巨量星图任务大厅

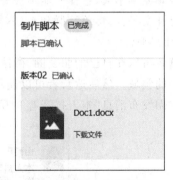

图 7-26　已上传的脚本

广告主审核脚本通过后，运营者便可根据脚本来制作视频。制作完成后，运营者需要将制作好的广告视频上传到巨量星图平台，再次供广告主审核。已上传的视频如图 7-27 所示。

需要注意的是，脚本和视频都不可能一次就被广告主审核通过，所以运营者要有耐心，按照广告主告知的不合格原因进行修改并再次提交审核。

　　视频审核通过后，运营者就可以将视频在抖音平台上发布。在发布视频时，运营者会发现发布页面多了一个"选择星图订单"，运营者勾选相应的订单即可进行发布。视频发布后，运营者需等待广告主检验视频数据。一般情况下，任务在视频发布7天后就会自动完成。如果广告主提前选择验收完成，那么广告费用就会立即转到运营者的账号中。

图7-27　已上传的视频

2. 承接第三方平台广告

　　除了通过短视频平台上的广告业务模块接单外，运营者还可以通过第三方平台来承接外部广告。需要注意的是，一般短视频平台对于包含外部广告的视频审核十分严格，打击力度较大。

　　如果运营者选择在第三方平台承接广告，视频内容就可能被短视频平台判定为垃圾广告或过度营销，进而使得账号收到违规警告，甚至被限制流量，例如某抖音账号的限流通知如图7-28所示。所以，在通过第三方平台来承接广告时，运营者一定要注意不能违反平台规则。

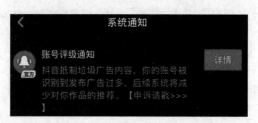

图7-28　某抖音账号限流通知

　　运营者承接第三方平台的广告后，在视频中一定要尽量减少广告因素，使视频看起来与正常的视频差别不大，这样才能不被短视频平台限制。运营者通过第三方平台承接外部广告主要有社交平台、接单社群和MCN机构3种途径。

1）社交平台

　　运营者可以在自己的朋友圈、微博等社交平台上分享自己的短视频，使得其他人了解自己所擅长的领域。然后运营者可以偶尔发布消息，告知其他人可以承接广告，例如运营者可以在朋友圈发布消息"本人抖音有9万粉丝，可接广告，诚信合作，请私聊"，如图7-29所示。

图7-29　朋友圈接单消息

　　运营者发布接单消息后，有需求的广告主会主动私聊运营者，然后运营者可与广告主详细沟通具体的合作事项，达成合作。

2）接单社群

运营者还可以加入一些专门对接广告主的社群，这种社群一般会不定期发布广告需求。运营者看到适合自己的广告需求，主动要求承接即可。对于通过接单社群来承接广告，运营者可以与同行交流或者与广告主合作时留意并积累相关渠道。

3）MCN 机构

目前，MCN 机构属于邀请制。如果运营者的短视频账号比较出众，拍摄的视频有创意，则较容易被 MCN 机构发现并邀请入驻签约。就像星探发现有明星潜质的人一样，一旦 MCN 机构发现运营者账号有潜质，就会通过短视频平台或者运营者在账号简介中所留的联系方式与运营者取得联系。抖音平台上的 MCN 机构邀请函如图 7-30 所示。

运营者入驻某个 MCN 机构后，该机构会有专门的工作人员帮助运营者承接广告。运营者要注意的是，在入驻签约某个 MCN 机构前，一定要了解清楚该 MCN 机构的经营情况、机构规模、旗下账号等，避免上当受骗。

7.2.2　广告制作形式

想要通过广告变现的形式实现盈利，运营者就需要知道如何制作短视频广告。短视频广告的制作形式主要包括硬广告和软广告两种，下面进行具体介绍。

1. 硬广告

硬广告是指直接介绍商品、服务内容等传统形式的广告。因为硬广告有过于直接的特点，会给用户一种强迫接受的感觉，所以运营者要谨慎选择。在短视频行业中，常见的硬广告主要为插播广告。

在短视频中，插播广告是指视频的片头、片尾或者在短视频中插入的广告。插播广告是运营者制作成本比较小的一种广告形式，例如抖音账号"东北人（酱）在洛杉矶"的短视频中就会经常出现插播广告，如图 7-31 所示。

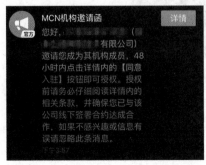

图 7-30　抖音平台上的 MCN 机构邀请函

图 7-31　插播广告

在图 7-31 中,抖音账号"东北人(酱)在洛杉矶"的短视频会分享自己的日常生活,然后在短视频中插播一段广告。

运营者需要注意,硬广告不仅会对用户的观看体验造成不良影响,如果短视频账号中的硬广告过多,还会导致账号粉丝量下降。一些粉丝量较大且粉丝忠诚度较高的短视频账号可以选择这种广告形式,反之则不推荐插播硬广告。

2. 软广告

通俗来讲,软广告就是运营者通过短视频委婉地向用户推荐某个商品或者品牌。软广告在短视频平台上属于最常见的广告形式。

在短视频行业中,运营者一般不在短视频中介绍商品和品牌,而是通过文案、剧情等内容巧妙地引出商品和品牌,降低在短视频中出现广告带来的违和感。下面为大家介绍两个软广告视频的例子。

1) 美食商品广告

商品广告就是为某个商品做广告,一些专门制作美食题材短视频的运营者就会承接一些厨具、调味品的广告,然后在制作美食的过程中,通过一种隐蔽的方式向粉丝展示商品广告内容。例如某空气炸锅软广告视频画面如图 7-32 所示,完整视频可扫描图 7-32 右侧的二维码观看。

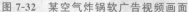

图 7-32 某空气炸锅软广告视频画面

2) 电影宣传广告

电影宣传广告就是为电影进行宣传的视频广告,运营者可以在自己经常制作和发布的内容中增加某个电影中的桥段、电影中的人物名或者电影名称等来进行广告宣传。例如抖音账号"贫穷料理"和电影《囧妈》的广告短视频画面如图 7-33 所示,完整视频可扫描图 7-33

图 7-33　抖音账号"贫穷料理"和电影《囧妈》的广告短视频画面

右侧的二维码观看。

美食商品广告和电影宣传广告是为了让运营者更好地理解软广告这一广告形式。运营者可以根据自己的视频特点，在文案、画面、动作等内容中夹杂广告内容。

7.3　直播变现

常见的短视频平台都增加了直播功能，"短视频＋直播"的模式已经成为新的发展趋势。同时，通过直播的方式进行变现，也成为了众多短视频运营者的普遍选择。本节从短视频直播变现概述、短视频直播变现方式、短视频直播变现策略和短视频直播变现主要工作 4 方面为运营者讲解直播变现的相关知识。

7.3.1　短视频直播变现概述

直播是指网络直播，可以简单定义为在现场随着事件的发生、发展进程同步制作和发布信息的网络发布方式。

直播可以将产品展示、背景介绍、方案测评、网上调查、对话访谈和在线培训等内容现场发布到互联网上，加强活动现场的推广效果。

直播的最大优点就在于其自主性，直播拥有独立可控的音视频采集，完全不同于转播电视信号的单一收看。网络直播可以将产品发布会、企业年会、行业年会、展会、个人秀等电视媒体难以直播的内容进行直播。例如，某大学教授在线直播微积分课的画面如图 7-34 所示。

借助网络直播的优点，运营者就可以进行商业变现。在常见的短视频平台上进行直播权限申请并不需要特殊的条件，往往只需要运营者的短视频账号运营状态良好并且进行了实名认证即可。

图 7-34　某大学教授在线直播微积分课画面

7.3.2　短视频直播变现方式

运营者想要通过短视频平台的直播功能来进行变现,就需要了解短视频平台上直播的相关变现方式。在短视频平台上直播变现的方式主要有打赏变现和导购变现两种,具体介绍如下。

1. 打赏变现

打赏变现是短视频直播平台中最常见的变现方式,用户通过平台付费购买各种虚拟道具打赏给直播者。对于用户打赏的礼物,直播者与短视频平台按照一定比例分成来获得盈利。例如抖音平台直播礼物如图 7-35 所示。

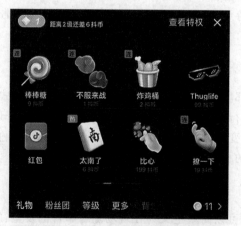

图 7-35　抖音平台直播礼物

运营者在直播过程中,用户在抖音平台上进行充值,然后点击图 7-35 所示的礼物进行打赏,那么运营者的账户里就会有相应的款项入账,从而实现变现。

2. 导购变现

导购变现一般分为导购自己的商品和导购合作者的商品。

1) 导购自己的商品

导购自己的商品是指运营者利用直播吸引人气,然后在直播中对自己经营的店铺和商品进行介绍，从而吸引用户购买相关商品。例如，抖音账号"丽江石榴哥"第一次在抖音平台上直播卖货，销售时长约 20min，总共卖出石榴 120 000 多 kg，每分钟最高成交 4000 单，价值 600 万元。抖音账号"丽江石榴哥"如图 7-36 所示。

2）导购合作者的商品

导购合作者的商品是指电商企业需要直播者推广，直播者负责在直播时推广合作者的店铺商品，吸引用户购买商品，而直播者通过这种合作的方式可以获取相应的合作佣金。

7.3.3　短视频直播变现策略

运营者需要注意的是，短视频平台直播的主要目的是满足用户的陪伴和娱乐需求，然后才是通过直播进行变现。在进行直播活动时，运营者要讲究一定的策略，这样才能吸引更多的用户观看，从而更好地进行变现。短视频直播变现策略主要包括主题一致策略、主题相关策略和完全商业策略，具体介绍如下。

1. 主题一致策略

主题一致策略是指运营者直播内容与短视频内容一致的策略，这是比较常见的一种运营者直播策略。但是保持一致的前提条件是，运营者的短视频内容具备可以长时间直播的属性，例如翻唱类账号运营者直播唱歌、跳舞类账号运营者直播跳舞，这两类内容都可以找到对应的适合长时间直播的内容。

主题一致策略可以有效地节约粉丝重新认识直播内容的时间和精力成本，更有利于粉丝的沉淀和粉丝黏性的培养。同时，直播作为短视频的一种重要补充形式，在内容延展、人设形象打造方面都有推动作用。例如图 7-37 所示的抖音账号"粤语歌 Kami"。

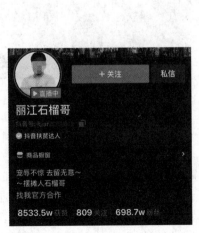

图 7-36　抖音账号"丽江石榴哥"

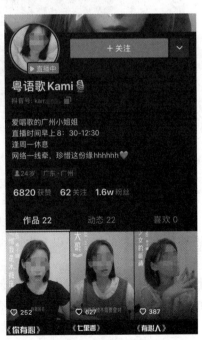

图 7-37　抖音账号"粤语歌 Kami"

从图 7-37 中可以看到，"粤语歌 Kami"的运营者发布的视频都为翻唱类视频，而且在账号简介中介绍了自己是"爱唱歌的广州小姐姐"。抖音账号"粤语歌 Kami"的某个直播画面如图 7-38 所示。

从图 7-38 中的评论中可以看到，该直播者的直播内容也是翻唱类。短视频的内容主要以翻唱为主，在直播时也是以翻唱为主，所以该直播者使用的就是主题一致策略。

当短视频内容主题和直播内容一致时，运营者的重点应该放在直播内容本身，加强对直播内容专业度的把控，充分利用直播的实时性、互动性和场景化特征，将直播内容做得更精细。对于应用该策略的运营者来讲，打赏变现是直播变现的主要方式。

2. 主题相关策略

虽然直播内容和短视频内容主题一致在运营者创作、用户接受度方面更具优势，但并非所有类型的内容都适合直播。对于一些在长时间直播方面可操作性较差或观赏性较差的内容类型来说，则需要另辟蹊径，从自己擅长的相关内容领域入手。抖音账号"糖果丸子"如图 7-39 所示。

图 7-38　抖音账号"粤语歌 Kami"某个直播画面　　　图 7-39　抖音账号"糖果丸子"

"糖果丸子"账号的作品多以女生照片合集为主，那么该短视频内容就无法成为直播的内容。

当直播内容和短视频内容主题不同但相关时，需要在选择内容类型这一步更加谨慎。一方面，要了解粉丝画像，根据粉丝画像和粉丝偏好选择他们感兴趣的内容类型，尽量让直播内容覆盖粉丝需求。另一方面，要确保自己在该领域也比较擅长，有可分享的经验。因此，运营者在直播前需要考虑这两方面的因素，谨慎选择直播内容的主题类型。抖音账号"糖果丸子"某直播页面如图 7-40 所示。

从图 7-40 中可以看到，"糖果丸子"正在与其他直播者进行 PK，以此来为用户呈现直播。大多数时间，"糖果丸子"会与粉丝聊天，为粉丝开解心事，逗粉丝开心。"糖果丸子"账号的直播内容就与自己短视频的内容主题并不一致，但是依然有所关联，利用自己的可爱长相和甜美声音进行直播。

运营者在设计自己的直播内容时，直播内容主要由短视频账号的粉丝受众决定。即使是直播不同类型的内容，也要尽量保证粉丝对直播内容的接受度。对于选择该运营策略的运营者，打赏变现是主要的变现方式。

3. 完全商业策略

以导购商品变现为目的的完全商业策略也是直播者的主要直播策略。

这类直播策略的核心目的是推动潜在消费群体快速做出消费决策，完成订单转化。这类直播策略的重点在于和粉丝建立信任感。抖音账号"简单快乐"如图 7-41 所示。

图 7-40　抖音账号"糖果丸子"某直播页面　　　　图 7-41　抖音账号"简单快乐"

"简单快乐"账号的主要内容是分享自己的工作环境以及自己的才艺。而对于直播变现策略，该运营者选择的就是完全商业策略。抖音账号"简单快乐"的某直播画面如图 7-42 所示。

在图 7-42 中，"简单快乐"账号的运营者就是在通过直播来向粉丝推荐商品，进行导购变现。

7.3.4　短视频直播变现主要工作

选择好直播变现策略之后，运营者就可以开始进行直播变现了。但是运营者需要了解直播过程中的主要工作，以保证自己的直播能够顺利进行，并且取得预期的效果。下面讲解在短视频直播前、短视频直播中和短视频直播后的主要工作，具体介绍如下。

1. 短视频直播前的主要工作

运营者在直播前的主要工作包括购买直播间设备、布置直播间背景和进行直播前预热。

1）购买直播间设备

直播间常规设备包括直播手机、专业摄像头、补光灯、传声器、手机支架、修音器、计算机等，这些设备都可以直接在电商平台上购买。

运营者在直播前应该对设备进行调整和测试，以免出现直播事故，例如直播时无画面、没声音等，给用户带来较差的观感体验。

2）布置直播间背景

直播间背景是运营者在短视频直播中很容易忽视的部分。直播间背景基本就代表了直播间的风格。要根据直播内容布置不同的直播间背景。抖音平台某翻唱类直播间背景如图 7-43 所示。

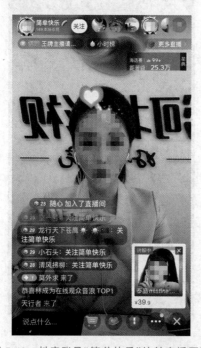

图 7-42　抖音账号"简单快乐"的某直播画面　　图 7-43　抖音平台某翻唱类直播间背景

在图 7-43 中，该直播者主要以唱歌为主，直播间的背景是以不同颜色的气球、羽毛、彩色灯光等构建而成，向观看的用户展示了直播间温馨、梦幻的直播风格。

3）进行直播前预热

直播前预热是指运营者在直播前进行预热的工作。预热主要是在直播前的 1～3 天内，在短视频账号的个人简介、视频文案等文字展示部分预告直播时间，也可以在微信、微博等其他渠道预告直播时间及主题。然后在正式直播前的 2～3 小时内，通过发布短视频来提醒粉丝观看直播。

2. 短视频直播中的主要工作

运营者在直播中的主要工作包括及时互动和调动积极性。

1）及时互动

用户在观看直播时，会在评论中表达自己的观点等。所以，在直播的过程中，运营者不能只顾直播自己的内容，而不顾用户的感受。直播者要及时查看用户评论，与用户进行互动。及时互动可以使用户感受到运营者的重视，从而提升用户黏性。

特别是对于采用完全商业策略的运营者，在直播间的互动不仅要及时、频繁，还要具备专业度，及时解答用户问题，提升用户的信任度，才能有效地提升转化率。

2）调动积极性

特别是对于刚开始直播的运营者，在直播过程中很可能会出现直播间没人以及冷场的情况，所以运营者要通过发红包、送福利的方法来调动用户的积极性。进行直播时，可以设置几个发红包的条件，例如首次进直播间有红包、点关注有红包。

虽然很多粉丝可能都是为了红包进入直播间或者关注账号，但是直播者很需要提高人气，这个方法能有效地在短期内提高用户量和调动用户积极性。

3. 短视频直播后的主要工作

在直播结束后，运营者的主要工作是直播复盘。直播复盘是对刚结束的直播的整体回顾，也是一个不断学习、总结、反思、提炼和持续提高直播能力的过程。运营者在复盘过程中要分析直播中的不足之处，包括语言、动作和内容等方面，同时也要分析直播间的各项数据。运营者应通过复盘找到直播成功或者失败的原因，并找到解决的办法，在下一场直播中对相关内容进行优化，进一步提升直播效果。

7.4 本章小结

本章主要讲解了如何在短视频平台上进行变现。运营者可以选择的变现方式包括电商变现、广告变现和直播变现 3 种方式。

希望读者学习本章后，能够根据自己的短视频账号类型，选择正确的变现方式，最终实现变现。

7.5 课后作业

1. 项目背景

美羊羊是一个抖音短视频创业者，她的账号主要做 Vlog 视频，分享自己的一些日常生活趣事。账号的用户画像大致为 25～33 岁的职场女性或全职妈妈。美羊羊在进行账号的商业变现时，根据自己的账号特点选择了电商变现的方式。在正式开始短视频账号的电商变现之前，美羊羊想先用一款商品测试一下粉丝的反馈情况。美羊羊首先申请了一类电商权限，然后根据自己的账号类型、粉丝画像和热门商品选择了 1 件商品——加热暖桌垫，并通过阿里巴巴采购平台进行了商品的采购。加热暖桌垫具体样式如图 7-44 所示。

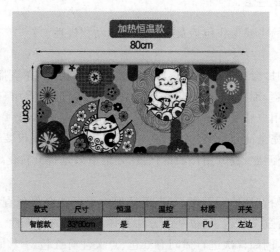

款式	尺寸	恒温	温控	材质	开关
智能款	33*80cm	是	是	PU	左边

图 7-44　加热暖桌垫具体样式

加热暖桌垫的卖点信息如下。

（1）样式、款色多达 39 款，美观大方。

（2）相较于普通桌垫，面积更大。

（3）采用进口恒温芯片，触感控温，智能调节，4 小时自动提醒关闭触控开关。

（4）加热器具有防漏水保护和自动断电保护。

（5）优选皮革，软硬适中，耐磨损。

2. 工作任务

美羊羊在制作商品短视频中的文案时遇到了困难，请你帮她写一篇有逻辑性和场景感的商品文案，并帮助她制作短视频。

第 8 章

实战教学：从0开始运营快手短视频账号

思政案例

【学习目标】

- 通过了解账号定位工作，更好地掌握账号定位的方法。
- 通过了解建立用户画像工作，更加熟悉构建用户画像的流程。
- 通过了解账号设置工作，能够对账号内容的设计和设置举一反三。
- 通过了解账号培养工作，能够正确策划和开展短视频账号的培养工作。
- 通过了解常规选题工作，能够合理选择选题方法并进行选题。
- 通过了解制作发布工作，能够根据相应的知识来制作短视频并且进行发布。
- 通过了解涨粉、留粉工作，能够选择出适合账号的涨粉方法和留粉方法，并开展相应的工作。
- 通过了解直播变现工作，能够掌握直播的整体流程。

8.1 项目背景

小哒是一名大四的学生，即将面临人生中的重要选择：就业。在选择行业和职业的过程中，小哒十分迷茫，不知道自己该如何选择。小哒将自己的问题告诉了已经工作了两年的学长小晨。

小晨说："你可以根据兴趣爱好来选择自己的未来发展方向。你可以选择游戏行业啊，例如游戏推广专员、游戏数据运营或者游戏策划都是可以的。你不是一直在玩一个游戏叫《王者荣耀》吗？而且玩的还不错，现在短视频行业这么火，你完全可以做《王者荣耀》游戏相关的短视频，万一火了呢！"

学长小晨的话给了小哒很大的启发。现在短视频行业这么火，为什么自己不试试呢？小哒在大学就学过短视频运营的相关课程。同时，自己又是快手短视频平台的重度用户。于是小哒下定决心，开始了自己的快手短视频运营之旅。

8.2 账号定位

想要做游戏类的短视频账号，小哒需要对自己的账号进行定位。只有这样，小哒才能够更好地找到精准用户。具体步骤如下。

STEP 1　小哒利用 SWOT 分析法分析研究了自己所处的环境因素，并将这些内容罗列在一个表中，方便自己查看。小哒的 SWOT 分析表如表 8-1 所示。

表 8-1   小哒的 SWOT 分析表

环 境 因 素	具 体 内 容
优势（Strengths）	游戏技术好、会写段子、幽默
劣势（Weaknesses）	从 0 开始、资金不足、新手
机会（Opportunities）	短视频平台流量大、平台操作简单、年轻人爱玩游戏的较多
威胁（Threats）	快手平台上知名游戏主播较多，具有头部效应，占据了大部分流量

STEP 2　小哒构建了 SWOT 分析模型，得出了自己在游戏类的短视频账号方面可以应用的策略。小哒的 SWOT 分析模型如表 8-2 所示。

表 8-2   小哒的 SWOT 分析模型

外部环境 / 内部环境	机会（Opportunities）	威胁（Threats）
	短视频平台流量大、平台操作简单、年轻人爱玩游戏的较多	快手平台上知名游戏主播较多，具有头部效应，占据了大部分流量
优势（Strengths）	**机会优势策略（SO）**	**威胁优势策略（ST）**
游戏技术好、会写段子、幽默	将网络段子和游戏结合，输出搞笑的《王者荣耀》视频，吸引爱玩游戏的年轻群体	知名游戏主播大多数都是玩排位模式，且视频大多数都是游戏角色的教学或者神操作，为了避免该方面的威胁，可以选择娱乐视频类型
劣势（Weaknesses）	**机会劣势策略（WO）**	**威胁劣势策略（WT）**
从 0 开始、资金不足、新手	在前期不进行需要资金的视频制作方式和推广方式，重点放在优质内容的输出工作上	避免与快手平台上知名游戏主播的视频类型相似度过高

STEP 3　小哒在 SWOT 分析模型中分析出了自己可以应用的机会优势策略（SO）、机会劣势策略（WO）、威胁优势策略（ST）和威胁劣势策略（WT），并且明确了这些策略对于自己建立快手短视频账号是有巨大帮助的。最终，小哒确立了短视频账号的方向为将网络段子和游戏结合，输出搞笑的《王者荣耀》视频。

STEP 4　制定好快手短视频账号的方向之后，小哒还需要选择账号定位技巧来定位自己账号的特色。为了让用户能够快速地识别短视频账号，进而牢牢记住短视频账号，并且形成自己的 IP 风格，小哒选择通过制造标签来突出账号特色。

STEP 5　游戏类的短视频中一般不会出现真人镜头，主要是以游戏画面、语言和文字为主。小哒分析了这 3 方面，其中游戏画面存在不确定性，文字无法形成鲜明的特色，那么只能选择语言来形成自己的标签。小哒结合自己的短视频账号方向，制定出了标签内容："客官"，即用"客官"这个称呼来称呼账号粉丝。这个标签主要是表达了小哒对粉丝的重视，将自己定位为店铺小二，为各位"客官"解说游戏内容。

8.3 用户画像

定位好自己的短视频账号之后，为了能够换位思考，了解用户偏好，挖掘用户需求，最终生产出用户喜欢的短视频，小哒想要建立自己快手短视频账号的用户画像，具体步骤如下。

STEP 1 小哒想要先收集短视频平台上游戏类的用户画像数据进行分析。小哒通过百度网页查找了一些快手平台的数据分析网站，例如飞瓜数据、炼丹炉等。但是研究过后，小哒发现这些网站都是要收费的。由于预算有限，小哒想要通过其他方式来寻找数据。

STEP 2 小哒通过小晨学长的推荐，找到了一个专门做行业分析的网站——极光。因为极光网站是一个专门做行业分析的网站，专业性较强，所以对于一些行业数据，小哒可以直接使用。

STEP 3 小哒通过浏览极光网站中的"行业洞察"栏目找到了一篇关于手机游戏行业的研究报告，从中找到了《王者荣耀》的用户画像。"王者荣耀用户画像"如图 8-1 所示。

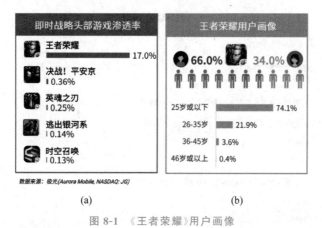

图 8-1 《王者荣耀》用户画像

STEP 4 虽然在图 8-1 中，"王者荣耀用户画像"只包含了用户性别分布和年龄分布，但是已经足够小哒明确目标用户的基本情况。为了方便建立画像，小哒将收集来的用户画像数据整理到了表格中。《王者荣耀》的基本用户画像如表 8-3 所示。

表 8-3 《王者荣耀》的基本用户画像

项 目	内 容
性别	男性 66％，女性 34％
年龄	25 岁以下 74.1％ 26～35 岁 21.9％ 36～45 岁 3.6％ 46 岁或以上 0.4％

STEP 5 确定了《王者荣耀》的基本用户画像之后，小哒还不能形成对于用户的全面了解。因此小哒制作了用户沟通模板，以便更好地与用户沟通，进而获取用户的使用场景信息。小哒的用户沟通模板如表 8-4 所示。

表 8-4   小哒的用户沟通模板

问　　题	调研内容
经常使用的平台	
是否喜欢看《王者荣耀》类短视频	
观看时间	
喜欢的账号内容	
关注原因	
点赞原因	

STEP 6   在玩《王者荣耀》时，小哒添加了一些战队群、游戏群。为了确定用户的真实使用场景，小哒利用问卷星网设计了一份调查问卷，然后发送到这些社群中让大家进行填写。《王者荣耀》调查问卷的局部如图 8-2 所示，完整调查问卷可扫描图 8-2 右侧的二维码观看。

短视频调查问卷

本调查问卷只是对您观看短视频相关内容进行调查，不涉及个人隐私和商业用途，请您放心填写！

1.您经常观看短视频的平台是(　　)？[单选题]*

○抖音

○快手

○其他

2.您喜欢观看王者荣耀类的短视频吗？[单选题]*

○不喜欢

○喜欢

○很喜欢

○非常喜欢

图 8-2   《王者荣耀》调查问卷的局部

STEP 7   小哒收集了大家的调查问卷之后，将内容进行了整理。《王者荣耀》用户调查结论如表 8-5 所示。

表 8-5   《王者荣耀》用户调查结论

问　　题	调研内容
经常使用的平台	快手占比最多
是否喜欢看《王者荣耀》类短视频	绝大部分用户非常喜欢看《王者荣耀》类短视频
观看时间	时间较为平均，但是晚上观看的更多一些
喜欢的账号内容	技术教学类和搞笑耍宝类相差不大，比赛解说类最少
关注原因	主要是有趣、有技术
点赞原因	视频足够新颖或者有让人赞叹的技术

STEP 8   小哒将收集到的王者荣耀基本画像和用户调查结论进行了整合,得到了他账号定位下的用户画像。《王者荣耀》短视频账号的用户画像如表 8-6 所示。

表 8-6   《王者荣耀》短视频账号的用户画像

项 目	调研内容
性别	男性为主
年龄	25 岁以下
经常使用的平台	快手占比最多
是否喜欢看《王者荣耀》类短视频	非常喜欢看《王者荣耀》类短视频
观看时间	晚上观看
喜欢的账号内容	技术教学类和搞笑耍宝类
关注原因	有趣、有技术
点赞原因	视频足够新颖、技术大神

8.4 账号设置

确定了账号定位和用户画像之后,小哒就以此为基础来设置自己的快手短视频账号。快手短视频账号的设置内容包括账号名称、账号头像、账号简介以及账号封面,具体操作步骤如下。

STEP 1   小哒的短视频账号类型主要是游戏搞笑类。为了能够让账号名称简单易记,小哒设计自己的短视频账号名称为"峡谷店小二"。

STEP 2   小哒设计好账号名称之后,便进入快手短视频平台进行设置,以免被其他人抢占。小哒在快手短视频平台的个人主页中点击"账号名称"就进入了设置界面,"账号名称"位置如图 8-3 所示。

STEP 3   小哒进入设置快手账号名称界面后,在文字输入框内填写了自己设计好的账号名称,点击"完成"即可保存名称,设置快手账号名称界面如图 8-4 所示。

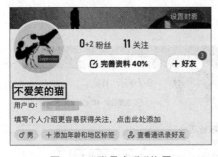

图 8-3 "账号名称"位置

图 8-4 设置快手账号名称界面

STEP 4   接下来就是选择自己的头像,小哒最终选择了图文 logo,将自己的账号名称设计在头像中。小哒设计完成之后觉得单纯的文字过于单调,于是添加了一个店小二的卡通形象。快手短视频账号的最终头像如图 8-4 所示。

STEP 5　在快手短视频平台的个人主页中,点击"头像位置"即可进入头像设置界面,"头像"位置如图 8-6 所示。

图 8-5　快手短视频账号的最终头像

图 8-6　"头像"位置

STEP 6　进入头像设置界面后,点击"更换图像",选择已经保存在手机当中的图片即可完成更换,设置账号头像界面如图 8-7 所示。

STEP 7　对于账号简介,小哒更想表明自己做短视频的态度,以此来吸引用户关注。小哒希望自己的短视频能够真正地给用户带来快乐,所以他的账号简介为"欢迎来到王者荣耀峡谷店,小二这厢有礼了,快乐至上是本店的唯一宗旨,欢迎您常来~"。

STEP 8　设计好账号简介之后,点击"个人介绍"位置即可进入介绍填写界面。"个人介绍"位置如图 8-8 所示。

图 8-7　设置账号头像界面

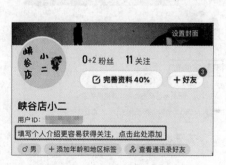

图 8-8　"个人介绍"位置

STEP 9　进入介绍填写界面，在文字输入框中将自己设计好的账号简介内容输入，点击"完成"按钮即可保存。介绍填写界面如图 8-9 所示。

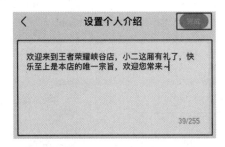

图 8-9　介绍填写界面

STEP 10　最后就是短视频账号的封面图。小哒想要通过封面来吸引用户关注。小哒设计了引导用户关注的图片，引导关注的图片如图 8-10 所示。

图 8-10　引导关注的图片

STEP 11　设计好引导图片之后，点击个人主页中的"设置封面"，然后在手机相册中选择做好的引导图片，即可更换完成。"设置封面"位置如图 8-11 所示。

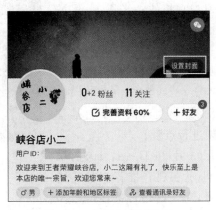

图 8-11　"设置封面"位置

STEP 12　设置完账号名称、账号头像、账号简介以及账号封面这 4 项之后，快手短视频账号的设置工作就完成了。但是除了这 4 方面的内容外，小哒又对一些其他信息进行了设置，以保证账号资料的完整，让用户更好地了解自己。点击性别区域或者"添加年龄和地区标签"位置，即可进入"编辑个人资料"界面。具体位置如图 8-12 所示。

STEP 13　进入"编辑个人资料"界面后，点击相应的资料位置即可进行修改。"编辑个人资料"界面如图 8-13 所示。

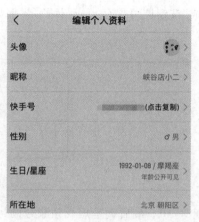

图 8-12　进入"编辑个人资料"界面的位置　　　　图 8-13　"编辑个人资料"界面

8.5　账号培养

为了避免快手平台系统将自己的账号判定为营销号,无法获得快手给每个视频作品分配的初始流量,小哒决定进行"养号"工作。账号培养步骤具体如下。

STEP 1　小哒了解了账号培养步骤之后,便开始了相应的"养号"工作。小哒计划利用两天(3 月 22 日—23 日)的早上、中午、晚上 3 个时间段分别来观看快手平台推荐的视频,每次约 60min。在观看视频的时候遇到喜欢的视频要完整观看,对于不喜欢的视频小哒也会观看视频总时长的一半以上,保证尽量真实的观看模式。快手平台的推荐栏目如图 8-14 所示。

STEP 2　小哒完成了观看平台视频之后,便要开始模拟用户行为,小哒利用两天(3 月 24 日—25 日)的早上、中午、晚上 3 个时间段来继续观看快手平台推荐的视频,并且对于喜欢的视频进行点赞。

STEP 3　接下来的两天(3 月 26 日—27 日)的早上、中午、晚上 3 个时间段,小哒在观看推荐视频的同时,开始搜索一些游戏类账号,对一些用户关注度较多

图 8-14　快手平台的推荐栏目

的同类型视频大号进行关注、点赞、评论和转发等操作。快手短视频的用户操作按钮如图 8-15 所示。

STEP 4　完成了模拟用户行为之后,小哒便开始在 3 天(3 月 28 日—30 日)内每天发布 1~2 个自己随手拍摄的短视频来测试账号是否正常,如图 8-16 所示。

小哒在发布视频的随后几天里,发现某些发布视频的播放量已经达到了 1000 以上,说明账号培养十分成功。于是小哒正式开始游戏类视频的发布工作。

图 8-15　快手短视频的用户操作按钮

图 8-16　拍摄短视频测试账号

8.6　常规选题

小哒的快手短视频账号定位是幽默搞笑类型。但是想要通过《王者荣耀》的游戏视频来向用户传达快乐，还需要确定选题，来明确自己日常发送的视频内容。

8.6.1　明确方法

小哒首先要明确选题方法，来保证这些方法能够适用于自己的选题工作。明确选题方法的步骤如下。

STEP 1　小哒了解到制作常规选题的方法包括要素内容选题法、九宫格选题法、思维导图选题法和高赞选题法。然后小哒对短视频常规选题中的这 4 种方法进行了分析，以了解哪种方法适用于自己的账号。

STEP 2　要素内容选题法主要是根据一些要素来进行选题，例如亲情、友情等。《王者荣耀》游戏中角色之间会有一些背景故事，这些背景中就会有一些要素掺杂其中。所以，要素内容选题法是可以在做常规选题时使用的。

STEP 3　九宫格选题法主要通过罗列与账号有关的关键词，进而通过这些关键词来选择自己的账号选题。小哒发布的内容以《王者荣耀》游戏为主，一些关键词并不能成为选题，所以暂时不考虑该方法。

STEP 4　思维导图选题法利用发散性思维，将一个选题方向逐步推导出很多个具体选题来。在实际工作中，思维导图选题法首先要找到一个比较宽泛的用户需求或问题，然后对这个需求或问题进行逐层拆解，分离出每一种该需求或问题的组成部分，再转化为很具象化的备选选题，最终在众多的备选选题中找到最合适的常规选题。这个选题方法与九宫格选题法十分类似，所以同样不考虑。

STEP 5　高赞选题法指的是模仿其他高点赞量短视频设计出来的选题。小哒在刚做短视频时，更重要的是突出自己的特色，所以也不考虑该方法。

经过分析后，小哒明确了自己以要素内容选题法为主的选题策略。

8.6.2　策划选题

明确了选题策略之后,小哒便开始策划自己的常规选题内容,具体步骤如下。

STEP 1　在要素内容选题法中,常见的要素包括爱情、友情、亲情、爱国、感伤、怀旧、振奋、感动、地域、群体等。

STEP 2　小哒首先进入《王者荣耀》官网了解《王者荣耀》的整体背景故事,进行选题分析。《王者荣耀》官网部分背景故事截图如图 8-17 所示。

图 8-17　《王者荣耀》官网部分背景故事截图

STEP 3　分析了《王者荣耀》中的故事背景之后,小哒发现在《王者荣耀》中,各种人物关系错综复杂,正好可以采用情感类的要素。

STEP 4　小哒梳理了《王者荣耀》中各种人物的关系路线,以便能够以此为依据进行合理的选题。部分英雄关系路线图如图 8-18 所示。

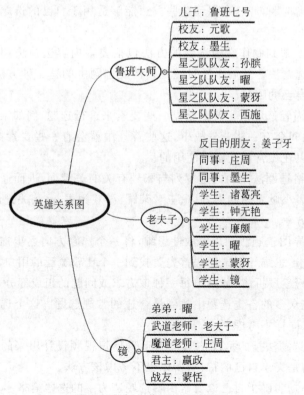

图 8-18　部分英雄关系路线图

STEP 5 梳理清楚了《王者荣耀》中的各种人物关系之后，小哒就可以根据具体的人物关系来策划常规选题。

STEP 6 确定了选题方向之后，小哒便要开始策划具体的选题。老夫子作为小哒的常用英雄之一，可操作性更强一些，于是小哒准备先以老夫子角色的情感关系作为选题。

STEP 7 小哒通过《王者荣耀》官网梳理了关于老夫子的人物背景故事，以及与其他人物关系之间的具体纠葛。老夫子人物关系如表 8-7 所示。

表 8-7 老夫子人物关系（来自游戏官方文档）

人物名称	人物关系	背 景 故 事
老夫子	主角	传说老夫子和姜子牙曾是关系亲密的伙伴，但姜子牙一心想要重现上古辉煌，老夫子最终与之决裂。老夫子坚信，对知识无止境的追求，和对魔道无节制的探索，最终都将招致毁灭。为了传承知识，但又不至于引发灾难，老夫子创办了稷下学院，与墨子、庄周并称"稷下三贤者"，广收人才，有教无类，因材施教。老夫子之名因此响彻王者大陆
姜子牙	反目的朋友	姜子牙和老夫子同为世间最伟大的智者，曾经有很深厚的友谊。但是道不同不相为谋，二人后来因为一场争执，最终分道扬镳，反目为仇
庄周、墨子	同事	复兴了机关术的墨子、最伟大的智者老夫子、能将梦化为现实的庄周，乃是王者大陆知识的三座"高峰"，被并称为"稷下三贤者"
诸葛亮	师生	老夫子得意弟子，稷下学院有史以来最伟大的天才，无论是魔道机关，还是智谋兵法，样样都是第一
钟无艳	师生	流落稷下，被老夫子收留；违反校规被老夫子包容；出身卑微却能成为王族。为报恩，将稷下土地豪爽地赠给恩师
廉颇	师生	老夫子的指导，让廉颇能更好地学习如何掌握自己的新拳甲，现在廉颇正在紧张地训练中
曜	师生	老夫子的学生之一，是一个怀抱英雄梦想的"中二少年"
蒙犽	师生	老夫子学生中最不听话的学生，没有之一，老夫子表示他要是再犯事就要请家长了
镜	师生	老夫子作为镜的武道老师是这样说的：镜是一柄不断锤炼自己的剑，我从不担心让镜经历失败，每一次失败都令她更加完美。所以，我总是派她去执行最危险的任务，给她无穷无尽的危机

因为在游戏过程中，游戏内的角色对战是不可控的，所以，梳理完老夫子的主要人物关系之后，小哒就以老夫子与某一个人物之间的对战作为选题来制作短视频，具体的选题等找到合适的素材再来确定。

8.7 制作发布

确定了根据老夫子与某一个人物之间的对战作为选题之后，小哒便开始制作短视频了。游戏类短视频的制作方法与其他剧情类、搞笑类短视频有些许差别。制作游戏短视频时，小哒首先要获取视频素材，然后根据视频素材来制作相应的文学脚本，接下来剪辑视频并且为视频素材进行配音，最终输出成品短视频。

8.7.1 获取视频素材

小哒想要获取视频素材,只能自己去亲手录制,具体操作如下。

STEP 1   在拍摄设备方面,由于游戏画面无法通过其他设备拍摄,故而小哒选择了5000元左右的一款智能手机。市面上常见的智能手机都有录屏的功能,且《王者荣耀》游戏中也有相应的录制选项。

STEP 2   打开《王者荣耀》游戏界面,找到"设置"按钮,如图8-19所示。

图8-19 "设置"按钮

STEP 3   点击"设置"按钮,进入设置界面,点击"录像设置"按钮,如图8-20所示。

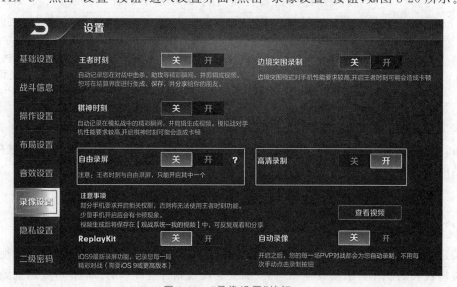

图8-20 "录像设置"按钮

STEP 4   进入录像设置界面后,点击图8-20中的"自由录屏"的开关按钮,为了能够录制画质更加清晰的视频素材,可以点击高清录制的"开"按钮,从而进行高清录制。

STEP 5 进行录像设置之后，会出现一个"摄像头"按钮，如图 8-21 所示。

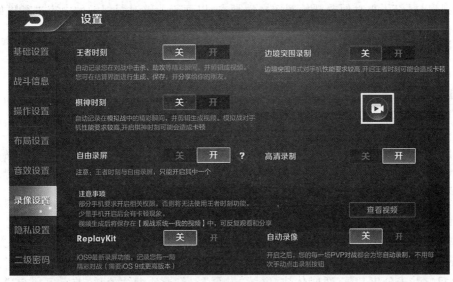

图 8-21 "摄像头"按钮

STEP 6 "摄像头"按钮是可以在画面中随意移动的，点击"摄像头"按钮可以看到"录制"按钮和"我的"按钮，如图 8-22 所示。

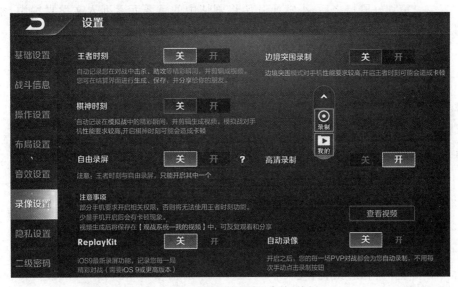

图 8-22 "录制"按钮和"我的"按钮

STEP 7 点击图 8-22 中的"录制"按钮，即可开始录制游戏内的画面；点击"我的"按钮，即可查看已经录制完成的视频，也可以在手机相册中查看。

8.7.2 制作文学脚本

因为每一次对战中对手玩家选择的人物是不一样的。所以，小哒打了 3 小时的游戏，也没有找到可以使用的素材。最终，小哒在一场使用姜子牙游戏角色的游戏中，遇到了一位使用老夫子的玩家,经过酣畅淋漓的比赛,最终找到了自己想要的素材。

找到素材之后,小哒便要开始制作文学脚本,以便于能够对短视频的内容进行更好地把控。制作文学脚本步骤如下。

STEP 1   小哒在设计文学脚本时,首先要策划出短视频的剧情。

STEP 2   在策划剧情前,小哒仔细观看已经获取的视频素材,从中筛选出可以使用的素材,进而策划剧情。

STEP 3   经过思考之后,小哒策划的剧情如下。

- 老夫子与姜子牙老友重逢于峡谷小店,在擂台上进行了一场比赛。
- 双方来到中路对战,短手的老夫子被会飞的姜子牙接连命中技能,一直龟缩在塔下,姜子牙不断地消耗着老夫子。
- 面对这样一个大好局面,姜子牙还能抽空看看队友情况。
- 姜子牙无聊地清理兵线,却在使用大招时失误,老夫子则伺机而动。
- 老夫子从草丛中冲出,姜子牙被捆绑住了,但是可能由于老夫子"发育"不好,没能击杀姜子牙。
- 双方并未分出胜负,暂时休战,继续"发育"。姜子牙继续消耗,差点完成单杀,老夫子只能暂时回家补血。
- 双方回到线上,继续对战,姜子牙继续消耗着老夫子。
- 突然,老夫子抓住姜子牙又一次失误的机会,一波操作直接带走姜子牙,拿下胜利!

STEP 4   策划好剧情之后,小哒便开始将剧情中的重要元素列入文学脚本中,小哒的文学脚本如表 8-8 所示。

表 8-8   小哒的文学脚本

老友擂台赛		
地点	峡谷小店	
人物	老夫子、姜子牙	
序号	剧　　情	台　　词
1	老夫子和姜子牙两位反目好友到达擂台	
2	老夫子被姜子牙接连命中技能	
3	老夫子血量被消耗得很惨	
4	老夫子只能龟缩在塔下	
5	姜子牙不断地消耗着老夫子	
6	姜子牙看队友情况	
7	姜子牙清理兵线	
8	姜子牙大招失误	
9	老夫子伺机而动	
10	老夫子耍心眼,藏在草丛中伺机而动	
11	姜子牙被绑住,一顿"胖揍"	

续表

老友擂台赛	
地点	峡谷小店
人物	老夫子、姜子牙

序号	剧　情	台　词
12	老夫子没能击杀姜子牙	
13	姜子牙消耗老夫子，差点完成单杀	
14	双方回家补血	
15	姜子牙继续消耗老夫子	
16	老夫子找到机会一举击杀，获得胜利	

STEP 5　小哒在制作初版文学脚本，又对老夫子和姜子牙两个人物的背景故事和关系进行了梳理，并在脑海中对每段剧情的台词进行构思。最终构思而成的台词如表 8-9 所示。

表 8-9　最终构思而成的台词

老友擂台赛	
地点	峡谷小店
人物	老夫子、姜子牙

序号	剧　情	台　词
1	老夫子和姜子牙两位反目好友到达擂台	客官好，我是峡谷店小二，今天有两位年事已高的老人来到了擂台上，想要了结一下陈年旧怨。这两位就是老夫子和姜子牙，他们已经到达擂台，请客官边吃边看
2	老夫子被姜子牙接连命中技能	姜子牙不愧是太古魔导，技能还是很准的，把老夫子打的毫无招架之力，并且还用手里的拐杖不停地敲老夫子的小脑壳，"小崽，这次栽我手里了吧！"老夫子表示，看在多年好友的情分上，让你几回合又何妨。真是年纪也大，口气也大呀
3	老夫子血量被消耗得很惨	老夫子被姜子牙打的毫无还手之力，只能一退再退
4	老夫子只能龟缩在塔下	姜子牙此时大喊一声："你过来呀！"老夫子回得很理直气壮："就不。"姜子牙无奈，只能继续清理兵线顺带消耗老夫子，想要推掉防御塔
5	姜子牙不断地消耗着老夫子	岁数大的人打架就是无趣，一点都不激情
6	姜子牙看队友情况	姜子牙现在稳操胜券，表示毫无压力，甚至还有心思去看看队友情况。然后，姜子牙继续当着老夫子的面，无情地清理着兵线
7	姜子牙清理兵线	老夫子不负智者的大名，能屈能伸，一直在塔下不出来

续表

老友擂台赛		
地点	峡谷小店	
人物	老夫子、姜子牙	
序号	剧 情	台 词
8	姜子牙大招失误	这时,姜子牙已经到了 4 级,并且由于不停地消耗,老夫子的血量已经很少了,大家快看,我仿佛已经看到了姜子牙那微微扬起的嘴角,无敌大招闪!噗,表演失败,姜子牙老脸一红,赶紧对小兵放了几个技能,来缓解此时的尴尬
9	老夫子伺机而动	大家可以看到,老夫子已经到了 4 级,拥有了自己的大招,他手里的教棍在蠢蠢欲动!但是,姜子牙察觉到不妙,一个技能弹开了老夫子
10	老夫子耍心眼,藏在草丛中伺机而动	躲过姜子牙的无敌大招之后,老夫子找了个机会,藏到了草丛中,姜子牙试探性地放了几个技能
11	姜子牙被绑住,一顿"胖揍"	老夫子突然加速,再用一个闪现来到老友身边,一记打狗棍法,将姜子牙拴在了地上,双方一顿互殴,挠死你,挠死你
12	老夫子没能击杀姜子牙	可能由于老夫子没有吃饱,力气不够,没有击杀姜子牙
13	姜子牙消耗老夫子,差点完成单杀	双方拉开距离,姜子牙开始了疯狂的消耗模式,左勾拳,右勾拳,左勾拳,右勾拳,哼哼哈嘿,哟,老夫子只剩血皮了,能杀吗,好吧,并没有
14	双方回家补血	姜子牙并不甘心,又放了一个大招来碰运气,很显然,别看老夫子年纪大,但是跑得快。姜子牙将怒气都撒在了小兵身上,然后两个人纷纷回到家中补充能量
15	姜子牙继续消耗老夫子	再次回归擂台,姜子牙继续清理兵线,老夫子则在不知名的角落继续等待机会。怎么感觉现在老夫子开始有点猥琐了呢?果然,老夫子又从草丛中出现了,想要故技重施,但是奈何曾经的好兄弟还是很了解你的,姜子牙则开始小心翼翼地清理兵线,一有机会就继续远远地消耗老夫子
16	老夫子找到机会一举击杀,获得胜利	这时,老夫子抓住姜子牙的走位失误,一个闪现过墙,将姜子牙拴在地上。各位客官,胜负已分,无须多言

8.7.3　剪辑视频素材

短视频的文学脚本制作完成之后,小哒便要开始根据设计好的内容剪辑视频,具体步骤如下。

STEP 1　在计算机桌面上找到已经安装好的 Premiere Pro 剪辑软件，单击图标启动软件。

STEP 2　启动 Premiere Pro 之后，出现"开始"对话框，如图 8-23 所示。

图 8-23　"开始"对话框

STEP 3　单击"新建项目"按钮，打开"新建项目"对话框，如图 8-24 所示。

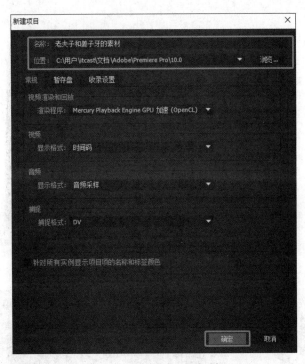

图 8-24　"新建项目"对话框

STEP 4　设置好项目名称和存储位置，其他选项保持默认即可，单击"确定"按钮，进入 Premiere Pro 的工作窗口。

STEP 5　进入 Premiere Pro 的工作窗口之后，双击素材库"项目"面板区域，导入视频素材，如图 8-25 所示。

STEP 6　选择"老夫子和姜子牙素材"，导入视频素材，如图 8-26 所示。

STEP 7　导入视频素材之后，视频素材会出现在素材库区域，如图 8-27 所示。

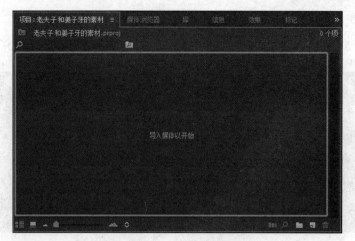

图 8-25 "项目"面板区域

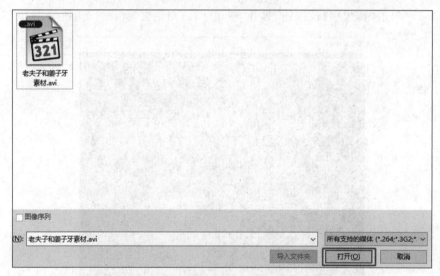

图 8-26 选择素材

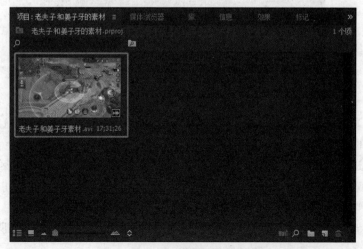

图 8-27 素材库区域的视频素材

STEP 8 将素材库中的视频素材拖动到时间轴区域,形成序列,如图 8-28 所示。

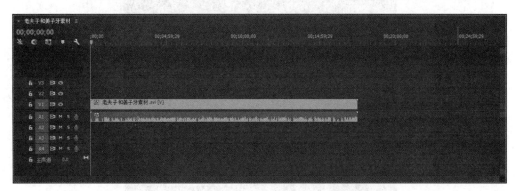

图 8-28 形成序列

STEP 9 按空格键播放素材视频,可以在节目监视器区域查看视频素材的播放进度,如图 8-29 所示。

图 8-29 查看视频素材的播放进度

STEP 10 找到自己想要的视频片段之后,按空格键暂停播放,通过拖动时间标尺来进行微调。

STEP 11 选择"剃刀工具"(或按 C 键)在序列上对准时间标尺,然后单击,即可将视频素材进行分割开来,如图 8-30 所示。

STEP 12 选择"选择工具"后,将鼠标放置在素材上单击选中被分割开的废弃视频素材,如图 8-31 所示。

STEP 13 选中被分割开的视频素材之后,按 Delete 键将废弃视频素材删除,再将另外的视频素材往前拖动至时间轴的起点。

STEP 14 通过不断地重复查看视频素材、切割视频和删除废弃视频的操作,最终保留自己想要的视频素材片段。

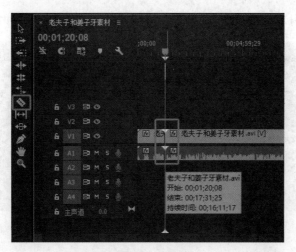

图 8-30　分割素材

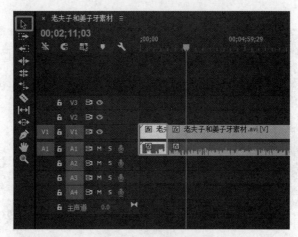

图 8-31　选中被分割开的废弃视频素材

　　STEP 15　因为保留的视频时间较长,而快手最多发布 5min 以内的视频,所以小哒准备将视频进行加速,以保证视频时间能够在 5min 以内。执行"剪辑"→"速度/持续时间"命令(或按 Ctrl＋R 组合键)即可弹出"剪辑速度/持续时间"对话框,如图 8-32 所示。

图 8-32　"剪辑速度/持续时间"对话框

STEP 16　将速度调成 120％，单击"确定"按钮，就可以将视频素材的时间变短。这样既可保证视频的正常观看，也可以保证视频时间在规定时长之内。

STEP 17　小哒发现视频素材的右上角有水印，该水印会影响用户的观看体验，如图 8-33 所示。

图 8-33　视频素材水印

STEP 18　小哒想要利用马赛克的方式将水印遮挡住，在菜单栏找到并单击"窗口"按钮，单击"效果"按钮（或按 Shift＋7 组合键），这样就会弹出"效果"面板，如图 8-34 所示。

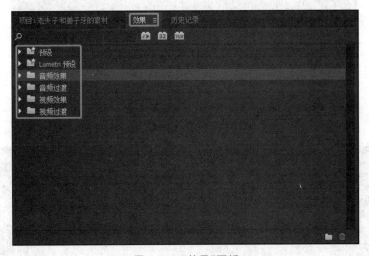

图 8-34　"效果"面板

STEP 19　执行"视频效果"→"风格化"→"马赛克"命令，即可在视频素材中添加马赛克，此时的马赛克效果是全屏的，如图 8-35 所示。

STEP 20　选中视频素材之后，在控制区单击"效果控件"按钮，然后在马赛克效果区域选择"创建 4 点多边形蒙版"，如图 8-36 所示。

STEP 21　在节目监视器的视频素材上就会出现一个矩形蒙版，可以通过鼠标来拖动该矩形蒙版的顶点和线段，将马赛克区域调整到合适的尺寸，如图 8-37 所示。

STEP 22　调整好尺寸之后，将矩形蒙版拖动到水印位置，继续微调至合适的尺寸之

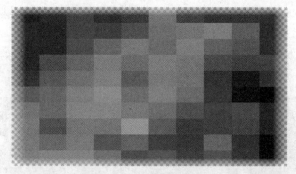

图 8-35　全屏马赛克效果

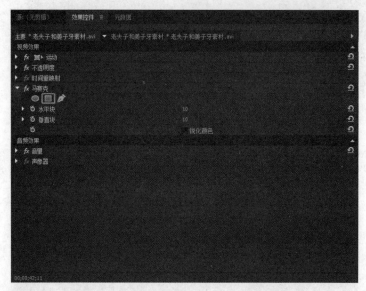

图 8-36　在马赛克区域创建 4 点多边形蒙版

图 8-37　调整矩形蒙版尺寸

后，按 Enter 键即可完成覆盖，如图 8-38 所示。

图 8-38　完成矩形蒙版覆盖

STEP 23　因为小哒要进行后期配音，所以要删除视频素材中的原音。在时间轴区域选中视频素材，单击"链接选择项"按钮，如图 8-39 所示。

图 8-39　单击"链接选择项"按钮

STEP 24　选中 A1 音频序列，音频序列单独变亮，如图 8-40 所示。

STEP 25　按 Backspace 或 Delete 键将选中的音频序列删除，如图 8-41 所示。

STEP 26　找一个带传声器的耳机，插入计算机的音频接口，单击"画外音录制"按钮即可开始根据画面和台词进行音频的录制，如图 8-42 所示。

STEP 27　因为快手平台视频的尺寸比例是 9∶16，这个比例也是目前大部分手机所使用的比例，正常情况下，这个视频内容应该是竖版的，也就是可能是 360 * 640、480 * 854 和 720 * 1280 等。所以，完成音频录制之后，还需要调整一下视频的尺寸。执行"序列"→"序列设置"命令，即可弹出"序列设置"面板，将"帧大小"中的"水平"参数和"垂直"参数设置为

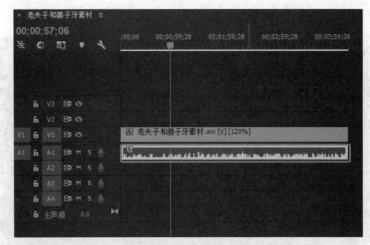

图 8-40　音频序列单独变亮

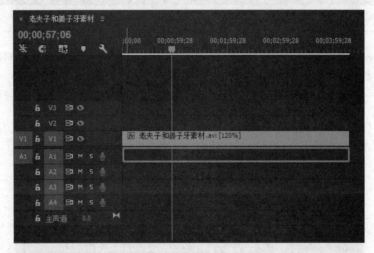

图 8-41　删除音频序列

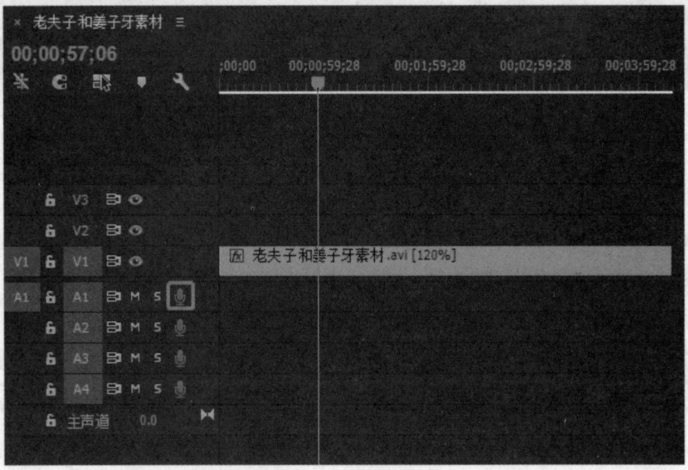

图 8-42　音频的录制

合适的比例,单击"确定"按钮,如图 8-43 所示。

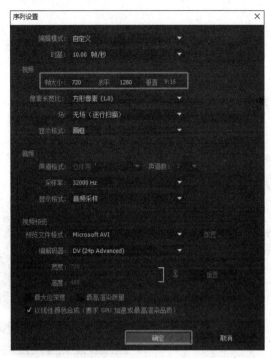

图 8-43　设置序列参数

STEP 28　此时会弹出"删除此序列的所有预览"的提示框,单击"确定"按钮,如图 8-44 所示。

图 8-44　"删除此序列的所有预览"的提示框

STEP 29　用"效果控件"中的"缩放"按钮对视频进行缩小设置,使视频能够与修改后的序列大小相匹配,调整完成的视频如图 8-45 所示。

STEP 30　执行"字幕"→"新建字幕"→"默认静态字幕"命令,弹出"新建字幕"对话框,单击"确定"按钮,如图 8-46 所示。

STEP 31　在视频素材上方添加字幕"峡谷小店擂台赛",在素材下方添加字幕"老友复仇之战",并且通过字幕面板来对字幕的字体、大小、位置和颜色等方面进行设置,如图 8-47 所示。

STEP 32　设置完字幕后,在素材库区域会出现一个字幕素材,如图 8-48 所示。

STEP 33　将字幕素材拖动到 V2 轨道上,并将其延长至与已有视频素材对齐,如图 8-49 所示。

图 8-45 调整完成的视频

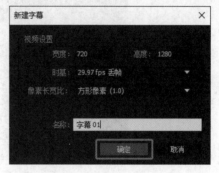

图 8-46 新建字幕对话框

图 8-47 添加字幕

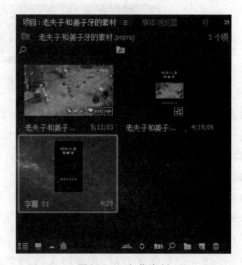

图 8-48 字幕素材

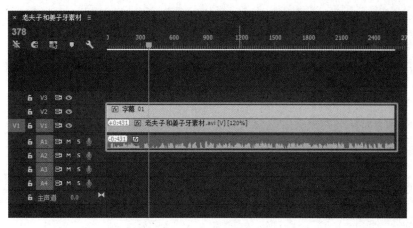

图 8-49　对齐原有视频素材

STEP 34　至此，视频的剪辑工作就完成了，执行"文件"→"导出"→"媒体"命令，弹出导出设置对话框，对格式、输出名称（可选择导出位置）等进行设置之后，单击"导出"按钮。

STEP 35　等待一段时间即可将视频完整导出，如图 8-50 所示。

图 8-50　导出视频

STEP 36　至此"老夫子和姜子牙素材"的剪辑工作就全部完成了，最终视频效果可扫描右侧的二维码观看。

8.7.4　成品视频发布

视频制作完成之后，小哒便可以在快手平台上进行发布，具体步骤如下。

STEP 1　将已经制作完成的"老夫子和姜子牙素材"成品视频传输到自己的手机，小哒使用 QQ 软件的文件传输功能来完成这项工作，传输窗口如图 8-51 所示。

STEP 2　将视频保存至自己的手机之后，打开快手平台，点击"拍摄"按钮，如图 8-52 所示。

STEP 3　进入到拍摄界面后，点击"相册"按钮，如图 8-53 所示。

STEP 4　在相册中选中"老夫子和姜子牙素材"成品视频，点击"下一步"按钮，如图 8-54 所示。

STEP 5　进入视频长度选择界面，因为小哒想要发布完整的视频，所以点击"发完整视频"按钮，如图 8-55 所示。

STEP 6　进入视频编辑界面，在此界面可以对视频进行美化、配乐、封面等一系列操作，因为已经在 Premiere Pro 中对视频进行了处理，所以这里不再对视频进行编辑。其中的封面只是从视频中选取某一个画面，而不是单独制作，根据自己需求选取即可。设置完成之后，点击"下一步"按钮，如图 8-56 所示。

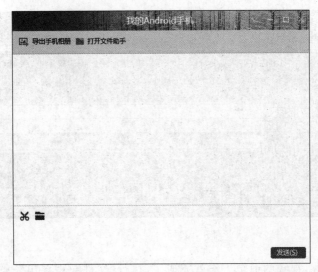

图 8-51   文件传输窗口

图 8-52   点击"拍摄"按钮

图 8-53   "相册"按钮

图 8-54   选择视频

图 8-55   发布完整的视频

STEP 7　快手平台的标题设置、话题选取方法和抖音平台类似，只要遵循一定的要点即可。小哒根据自己视频的内容和用户画像设置了标题和话题，如图 8-57 所示。

图 8-56　视频编辑界面

图·8-57　设置标题和话题

STEP 8　设置完成之后，点击图 8-57 中的"发布"按钮，等待上传完成之后，即成功发布，如图 8-58 所示。

图 8-58　成功发布

8.8 涨粉留粉

快手账号经过小哒一段时间的运营后,有了一些粉丝,但是粉丝的增长过于缓慢,粉丝的运营工作是目前小哒的工作重点。

8.8.1 评论引流涨粉

涨粉工作是短视频运营工作中必不可少的部分,小哒准备使用一定的方法来实现涨粉。小哒除了通过数据优化法和算法优化法来优化短视频内容以提高曝光量外,还使用了精准引流法中的评论引流来进行涨粉,效果不错。具体操作如下。

STEP 1 打开快手平台,点击"搜索"按钮 Q,进入搜索界面,如图 8-59 所示。

STEP 2 点击图 8-59 中的搜索框,在搜索框中输入"王者荣耀"后点击"搜索"按钮,如图 8-60 所示。

图 8-59 搜索界面

图 8-60 "搜索"界面

STEP 3 进入搜索结果界面,选择"用户"标签页,找到《王者荣耀》相关的用户,如图 8-61 所示。

STEP 4 搜索出来的这些《王者荣耀》的相关用户都是排名靠前且粉丝量较大的短视频账号,小哒选择关注了一些用户。

STEP 5 小哒从中选择了一个用户,然后点击用户名称进入该用户的账号主页,如图 8-62 所示。

STEP 6 在该用户的主页中浏览发布的作品,找到一些最新发布的视频,并且观看完这些视频,然后在某个视频下面找到评论区,如图 8-63 所示。

图 8-61　找到《王者荣耀》相关的用户

图 8-62　某用户的账号主页

STEP 7　点击图 8-63 中的评论框，编写与视频相关的评论，如图 8-64 所示。

图 8-63　视频评论区

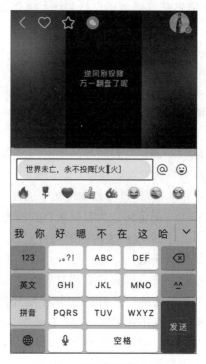

图 8-64　编写视频相关评论

STEP 8   点击图 8-64 中的"发送"按钮,即可将编写的评论发布,进而吸引其他观看该视频的用户点赞和查看自己的账号首页,如图 8-65 所示。

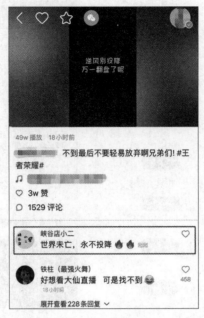

图 8-65   发表评论

STEP 9   小哒在该视频下发布了评论之后,继续去观看其他人发布的视频并且进行评论,以求能够获得更多用户的关注。使用该方法一段时间之后,账号粉丝关注数量有了明显的增加。

8.8.2　评论互动留粉

留粉操作有互动留粉法和私域流量留粉法两种。因为小哒目前是自己在做短视频账号,没有时间来通过运营社群的方式留存粉丝,所以选择了互动留粉法来运营粉丝。具体步骤如下。

STEP 1   确定与粉丝互动的时间。为了保证能够及时回复粉丝评论和私信,小哒将互动时间定为每次发布短视频之后的 4~5 个小时。这样可以保证发布的短视频拥有一定的评论或者私信数量,也可以实现集中回复,避免浪费时间。

STEP 2   确定回复内容的风格。因为自己的短视频类型是属于搞笑类型,且账号的标签为店小二,所以在回复内容的风格方面,小哒决定继续以店小二的语气加以幽默风趣的内容来回复粉丝评论。

STEP 3   确定需要重点回复的评论。除了回复互动频繁的粉丝消息、提意见的粉丝消息和有负面情绪的粉丝消息之外,小哒还回复了点赞量较高的粉丝消息。因为这些点赞量较高的粉丝消息排在视频评论区的上方,会让更多的用户看到。

STEP 4   小哒完成策划之后,将这些内容进行了汇总,做成了表格的形式,方便自己查看。互动策划汇总表如表 8-10 所示。

表 8-10　互动策划汇总表

互 动 内 容	互 动 安 排
粉丝互动时间	发布短视频之后的 4～5 个小时，利用 1 小时时间来进行互动
回复内容的风格	以店小二的语气加以幽默风趣的内容来回复粉丝评论
重点回复的评论	互动频繁的粉丝消息
	提意见的粉丝消息
	有负面情绪的粉丝消息
	点赞量较高的粉丝消息

STEP 5　表格制作完成后，小哒将该表格放置在了计算机桌面上，以保证不会遗忘这项工作。通过与粉丝的不断互动，粉丝对于账号的黏性明显提高，还会在私信中给小哒制作的视频提出建议。不仅如此，通过与粉丝幽默风趣的互动，还起到了吸引用户关注的作用。

8.9　直播变现

经过一段时间的运营，小哒的账号已经有了 5 万名粉丝。因为小哒做短视频的目的就是变现，所以促进变现成为了当前的主要工作。

小哒了解到短视频的变现方式主要包括电商变现、广告变现和直播变现。小哒对这 3 个变现方式进行了分析：电商变现主要是通过制作商品视频来引导用户购买商品，而自己的账号是游戏类型，平时只会发一些游戏相关的内容，如果突然发布商品视频，可能会造成粉丝流失；广告变现则是通过接广告来进行变现，游戏类账号可以接游戏类广告，但是自己的账号并不是那种顶级的大号，很难接到广告；直播变现则是通过直播的形式来进行变现，在直播的过程中通过游戏来吸引用户，这是一种比较适合自己当前情况的变现形式。于是小哒选择了直播变现这种变现方式。

8.9.1　直播准备

想要进行直播变现，就不能在学校宿舍住了，小哒在学校附近租了一间 10 平方米大小的房间来进行直播，此外还需要进行一些准备工作。小哒的直播准备工作如下。

STEP 1　对于直播设备，小哒从淘宝网上选择了专业摄像头、补光灯、传声器、手机支架、修音器等。因为资金有限，小哒选择的都是一些价格偏低的设备。

STEP 2　因为房间的墙壁有些黑，从镜头中看会有点脏脏的感觉，所以小哒在直播背景墙上粘贴了一层墙纸。

STEP 3　为了使直播间更加有氛围，小哒还在直播背景墙上张贴了王者荣耀的海报，以及峡谷小店的字样，以宣传自己的账号。

STEP 4　在内容方面，小哒选择的是主题一致策略，即在游戏直播的过程中，保持自己在视频中的风格，推动打造自己的 IP 风格。

STEP 5　将直播设备和直播背景都布置好之后，小哒需要进行直播测试，以免在直播过程中发生意外。

STEP 6　进入快手平台后,点击"拍摄"按钮进入拍摄界面后,点击"开直播"按钮,如图 8-66 所示。

STEP 7　进入直播界面后,点击"游戏直播"按钮,如图 8-67 所示。

图 8-66　"开直播"按钮

图 8-67　"游戏直播"按钮

STEP 8　进入游戏直播界面后,系统会提示需要下载"游戏直播伴侣",如图 8-68 所示。

图 8-68　下载"游戏直播伴侣"

STEP 9　点击图 8-68 中的"下载"按钮,即可跳转到应用下载界面,下载该应用软件到手机即可。

STEP 10　下载完成后,打开游戏直播伴侣应用,游戏直播伴侣登录界面如图 8-69 所示。

STEP 11　因为小哒已经拥有了快手平台账号,所以直接点击"快手一键登录"按钮。

STEP 12　跳转验证之后,对传声器、位置等一些手机权限完成设置之后,即可进入游戏直播伴侣主界面,如图 8-70 所示。

图 8-69　游戏直播伴侣登录界面

图 8-70　游戏直播伴侣主界面

STEP 13　小哒想要将直播投屏在计算机上，点击图 8-70 中的"投屏电脑端开播"，按提示进行操作即可。

STEP 14　在计算机上下载并安装快手直播伴侣，快手直播伴侣图标如图 8-71 所示。

STEP 15　单击快手直播伴侣图标，进入首页，然后用数据线将手机和计算机相连接。

STEP 16　手机与计算机连接之后，即可将手机画面投屏到计算机上，手机投屏窗口如图 8-72 所示。

图 8-71　快手直播伴侣图标

图 8-72　手机投屏窗口

STEP 17　单击"画面来源"按钮，进入画面来源页面，如图 8-73 所示。

STEP 18　在画面来源下面单击"摄像头"，即可打开已经安装好的摄像头，通过摄像头来显示小哒自己的人物形象，如图 8-74 所示。

图 8-73　"画面来源"按钮

图 8-74　选择"摄像头"

STEP 19　单击"开始直播"按钮，进入直播设置对话框，如图 8-75 所示。

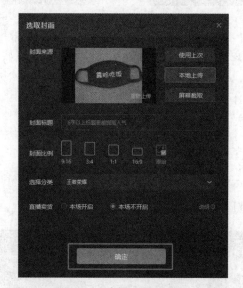

图 8-75　直播设置对话框

STEP 20　设置好之后，单击"确定"按钮，即可开始直播，如图 8-76 所示。

图 8-76　开始直播

STEP 21　小哒还请朋友到他的直播间查看直播画面、声音等是否有问题，确认无误后，关闭了直播。关闭直播之后，小哒可以查看本场直播的数据，如图 8-77 所示。

确认了硬件设备都没有问题之后，小哒还利用空闲时间观看了竞争对手的直播，了解了

图 8-77 本场直播的数据

一些直播技巧，为即将开始的直播做好准备。

8.9.2 直播开始

做好准备工作之后，小哒便要开始正式的直播工作了。

STEP 1 直播开始的前一天，小哒在日常视频的末尾进行了直播预告，告知用户直播开始的时间，如图 8-78 所示。

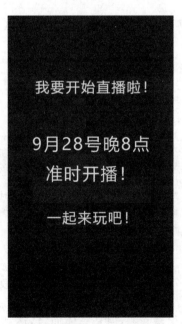

图 8-78 直播开始时间

STEP 2 同时，小哒还在自己的个人介绍页进行了文字预告，如图 8-79 所示。

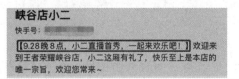

图 8-79 文字预告

STEP 3　9 月 28 号晚上 8 点，小哒准时开播。在直播过程中，小哒保持一致的视频风格，以一种风趣幽默的语言来讲解比赛并与观看的用户互动。

STEP 4　同时，小哒还在直播时设置了准点红包，在 21 时、22 时和 23 时分别向粉丝发送了 50 元、100 元和 200 元的红包，以此来调动用户的积极性。

STEP 5　经过 3 小时的直播，小哒结束了此次首播，取得了较好的效果，直播数据如图 8-80 所示。

图 8-80　直播数据

STEP 6　直播结束后，小哒和观看他直播的几个朋友进行了直播复盘，整理了几点复盘内容，如表 8-11 所示。

表 8-11　直播复盘

问题	具 体 描 述	改 进 方 案
互动不及时	有时玩游戏的时候过于投入，会忽略用户的弹幕	每次游戏间隙，挑选弹幕上的一些问题进行回复
不文明语言	有时由于一些自己的失误或者队友失误，会偶尔说一些不太文明的语言	多多注意，调整自己的心态
语无伦次	在与用户互动时，特别是在回答一些游戏技巧方面问题时，会磕磕巴巴，说话不是很流畅	平时多加练习，增强临场反应能力；总结英雄技巧，输出文本，多加记忆
游戏账号	《王者荣耀》游戏满 6 小时后就会限制游戏，在该场直播的后期出现了这种情况	平时要多准备几个号，以备不时之需
直播节奏	对于整场直播的节奏把握不是很好	需要在直播前设计大纲，包括直播的阶段内容、突发情况的处理方法等

小哒的直播首秀虽然存在很多问题，但是总体而言，达到了变现的效果，最终直播盈利485 元。此外，还给账号带来了不少的关注，这增强了小哒的信心，他决定以后在有时间的情况下，尽量增加直播的次数。

8.10　本章小结

本章主要为读者介绍了一个快手短视频的项目。本项目是以创业者小哒的快手短视频运营过程为例，通过前期的账号定位、建立用户画像；中期的账号设置、账号培养、选题策划和制作发布；后期的涨粉留粉和直播变现，最终使该账号的运营步入正轨。

学习本章后，希望读者结合前面 7 章所讲知识内容，将学到的方法应用到日常的短视频运营工作中，能够学为所用。

8.11　项目实训

该项目实训旨在让读者能够在实际的工作中进行一次实践活动，将所学知识真正地应用于工作中。在项目实训中，除了包含项目背景和工作任务外，还包含了一些补充知识点，故而以文档的形式进行呈现。项目实训文档请扫描右侧的二维码查看。